职业教育汽车类专业"双证课程"培养方案教材
国家高技能人才培训基地建设项目成果系列教材

汽车空调构造与维修

QICHE KONGTIAO GOUZAO YU WEIXIU

主　编　梁永浩　王玉凤
副主编　黄中景　李　汉　周潭生
参　编　陈玉华　李雪娴　吴君青　刘桂民　冯　津
主　审　张锐忠　孙慧芳

华中科技大学出版社
http://www.hustp.com
中国·武汉

图书在版编目(CIP)数据

汽车空调构造与维修/梁永浩,王玉凤主编.—武汉:华中科技大学出版社,2017.6
ISBN 978-7-5680-2888-2

Ⅰ.①汽… Ⅱ.①梁… ②王… Ⅲ.①汽车空调-构造 ②汽车空调-维修 Ⅳ.①U463.850.3 ②U472.41

中国版本图书馆 CIP 数据核字(2017)第 124426 号

汽车空调构造与维修
Qiche Kongtiao Gouzao yu Weixiu

梁永浩　王玉凤　主编

策划编辑：张　毅
责任编辑：段亚萍
封面设计：孢　子
责任监印：朱　玢

出版发行：华中科技大学出版社(中国·武汉)　　电话：(027)81321913
　　　　　武汉市东湖新技术开发区华工科技园　　邮编：430223
录　　排：武汉正风天下文化发展有限公司
印　　刷：仙桃市新华印务有限责任公司
开　　本：787mm×1092mm　1/16
印　　张：9
字　　数：218 千字
版　　次：2017 年 6 月第 1 版第 1 次印刷
定　　价：26.00 元

本书若有印装质量问题,请向出版社营销中心调换
全国免费服务热线：400-6679-118　竭诚为您服务
版权所有　侵权必究

国家级高技能人才培训基地建设项目成果教材

编 委 会

顾　问　朱锦源
主　任　张余庆
副主任　黄　琳　吴新欢
编　委　谢浪清　温汉权　张锐忠
　　　　丘建雄　陈振辉　何培森

前言 QIANYAN

为贯彻落实《国务院关于加快发展现代职业教育的决定》(国发〔2014〕19号)精神,惠州市技师学院汽车运用与维修专业在示范校建设过程中,坚持以立德树人为根本,以服务发展为宗旨,以促进就业为导向,适应技术进步、生产方式变革以及社会公共服务的需要,深化产教融合、校企合作,培养高素质的汽车运用与维修专业劳动者和技术技能人才。

《汽车空调构造与维修》是惠州市技师学院汽车运用与维修专业与广州合赢教学设备有限公司开展校企合作,在充分调研行业企业,分析汽车运用与维修专业发展现状与前景的基础上,通过召开实践专家访谈会,分析汽车运用与维修专业人才成长的每个阶段所具备的岗位能力以及从事的代表性工作,提取汽车空调典型工作任务后形成的工学结合的教材。本书选取了汽车空调系统的保养、汽车空调系统完全不制冷故障检修、汽车空调制冷不足故障检修、汽车空调间歇性不制冷故障检修、汽车空调无暖气故障检修、汽车自动空调的认知等六个代表性工作任务作为章节,是面向中等职业技能人才的专业教材,也适用于职业鉴定培训。

本教材具有以下特点。

(1) 理论知识点与技能点对接。在知识结构上,本教材运用工学结合一体化课程的鱼骨图技术,把每个代表性工作任务分解为理论知识点与技能点,理论知识能够指导技能实训,技能实训能够找到理论支撑,进而实现理论知识点与技能点的对接。

(2) 岗位能力要求与国家职业标准对接。在技能要求上,本教材充分分析了汽车运用与维修各层级技能人才主要的工作任务、对应的能力特征以及与国家职业标准等级要求的对应情况,因此,本教材的技能要求既符合企业对从业人员的岗位能力要求,也符合国家职业标准。

(3) 岗位任务与学习任务对接。在学习内容上,本教材通过实践专家访谈会选取的六个代表性工作任务即为岗位任务,学习的内容即为岗位工作内容。因此,本教材的学习内容与岗位任务紧密相连,通过完成学习任务,能够实现学习与工作的无缝对接。

由于编者水平有限,书中难免有不足之处,敬请读者批评指正,我们将不断修改完善。

编　者
2017年1月

目录 MULU

学习任务1　汽车空调系统的保养 …………………………………………………………… 1
学习任务2　汽车空调系统完全不制冷故障检修 ………………………………………… 15
学习任务3　汽车空调制冷不足故障检修 ………………………………………………… 43
学习任务4　汽车空调间歇性不制冷故障检修 …………………………………………… 67
学习任务5　汽车空调无暖气故障检修 …………………………………………………… 91
学习任务6　汽车自动空调的认知 ………………………………………………………… 111
附录 ………………………………………………………………………………………… 126
　附录A　学习过程 ………………………………………………………………………… 126
　附录B　情景展示 ………………………………………………………………………… 126
参考文献 …………………………………………………………………………………… 135

学习任务 1
汽车空调系统的保养

◀ **任务要求**

完成本学习任务后,你应该能够:

(1) 了解汽车空调的类型及特点;
(2) 了解汽车空调的发展史;
(3) 掌握汽车空调系统的类型及基本组成;
(4) 正确完成汽车空调面板的操作;
(5) 正确完成汽车空调杀菌过程;
(6) 正确完成企业标准验收任务,评价和反馈工作过程,完成任务工单。

【情景导入】

一辆凌志 LS400 轿车行驶总里程数为 6.5 万公里时,在入夏时车主来店进行汽车空调的基本养护。

【背景知识】

一、汽车空调的发展历程

空调即空气调节,它的意义是指在封闭的空间内,对温度、湿度及空气的清洁度进行调节控制。

空调是汽车现代化的标志之一,现代汽车空调的基本功能是在任何气候和行驶条件下,改善驾驶员的工作劳动条件和提高乘员的舒适性。由于汽车空调的调节对象是人所处的车内环境,故偏重于舒适性的要求。舒适性是由人对车内的温度、湿度、空气流速、含氧量、有害气体含量、噪声、压力、气味、灰尘、细菌等参数指标的感觉和反应决定的。现代汽车空调就是将车内空间的环境调整到对人体最适宜的状态,创造良好的劳动条件和工作环境,以提高驾驶员的劳动生产效率和行车安全性,同时,保护乘员的身体健康,利于乘员旅游观光、学习或者休息。为此,现代汽车空调系统必须具备完善的功能,以及实现这些功能所需要的装置。这些装置既可单独使用,也可综合使用,以完成空气调节工作。

汽车空调的功能是随着人们对汽车舒适性要求的不断提高,而从低级到高级,由功能简单向功能齐全方向发展的,其发展过程可以概括为以下五个阶段。

第一阶段:单一供暖。1925 年首先在美国出现利用汽车冷却液通过加热器(也称热交换器)的方法取暖。到 1927 年发展到具有加热器、鼓风机和空气滤清器等比较完整的供热系统。目前,在国内大部分货车上仍然使用单一供暖系统。

第二阶段:单一制冷。1939 年,由美国的 PACKARD(帕克)公司首先在轿车上安装机械制冷降温的空调器。目前,在热带、亚热带地区,汽车空调仍然普遍使用单一制冷系统。

第三阶段:冷暖一体化。1954 年美国通用汽车公司首先在纳什轿车上安装了冷暖一体化的空调器,汽车空调才基本上具有调节控制车内温度、湿度的功能。随着汽车空调技术的改进,目前的冷暖一体化空调基本上具有降温、除湿、通风、过滤、除霜等功能。冷暖一体化空调是目前使用量最大的一种汽车空调。

第四阶段:自动控制的汽车空调。冷暖一体化汽车空调需要人工操纵,这显然增加了驾驶员的工作量,同时控制质量也不太理想。1964 年美国通用汽车公司将自动控制的汽车空调安装在凯迪拉克轿车上。这种自动空调装置使用了电子控制方法,只要预先设定好温度,机器就能自动地在设定的温度范围内工作,达到调节车内温度的目的。

第五阶段:微机控制的汽车空调。1973 年美国通用汽车公司和日本五十铃汽车公司一起联合研究微机控制的汽车空调系统,1977 年同时安装在各自生产的汽车上。随着微电子技术的发展,微机控制的汽车空调功能不断增加和完善,实现了控制显示数字化,冷、暖、通风三位一体化,故障诊断智能化。目前,高档轿车全自动空调已经与车身计算机系统组成局域网络,计算机根据车内外的环境条件,自动控制空调系统的工作,实现了空调运行与汽车运行的相关统一,极大地提高了调节效果,节约了燃料,从而提高了汽车的整体性能和最佳舒适性。

我国汽车空调工业的发展大致经历了三个阶段。

第一阶段是从 20 世纪 60 年代初到 20 世纪 70 年代末,主要是利用汽车发动机排出的废气或冷却液产生的热量来保证车厢内的采暖。

第二阶段是从 20 世纪 80 年代初至 20 世纪 90 年代初。20 世纪 80 年代初期,我国从日本购进制冷降温用的汽车空调系统,装配在红旗等小轿车和豪华大客车上;20 世纪 80 年代中后期,又从日本、德国引进先进的空调生产线和空调生产技术,生产大中型客车、轻型汽车及轿车的空调系统。

第三阶段是从 20 世纪 90 年代中期到现在。国内有一批形成生产规模的汽车空调制造企业,分别从国外引进最先进的压缩机、冷凝器和蒸发器的生产技术和生产线,同时,按照《关于消耗臭氧层物质的蒙特利尔议定书》和《中国逐步淘汰消耗臭氧层物质国家方案》的要求,实现汽车空调制冷系统工质由 R12 向 R134a 的转换。至此,我国汽车空调技术在短时期内接近了世界先进水平。

二、汽车空调的类型及特点

（一）汽车空调的类型

1. 按功能分类

汽车空调按功能分类可分为单一功能空调和组合式空调两种。

1）单一功能空调

单一功能空调的冷风、暖风各自独立,自成系统,一般用于大、中型客车上。

2）组合式空调

组合式空调的冷、暖风合用一个鼓风机、一套操纵机构。这种结构又分为冷、暖风分别工作和冷、暖风同时工作两种方式,多用于轿车上。

2. 按驱动方式分类

汽车空调按驱动方式分类可分为非独立式汽车空调系统和独立式汽车空调系统两种。

1）非独立式汽车空调系统

非独立式汽车空调系统的制冷压缩机由汽车本身的发动机驱动,汽车空调系统的制冷性能受汽车发动机工况的影响较大,工作稳定性较差。尤其是低速时制冷量不足,而在高速时制冷量过剩,并且消耗功率较大,影响发动机的动力性。这种类型的汽车空调系统一般多用于制冷量相对较小的中、小型汽车上。

2）独立式汽车空调系统

独立式汽车空调系统的制冷压缩机由专用的空调发动机(也称副发动机)驱动,故汽车空调系统的制冷性能不受汽车主发动机工况的影响,工作稳定,制冷量大。但由于加装了一台发动机,不仅增加了成本,而且汽车的体积和重量也增加了。这种类型的汽车空调系统多用于大、中型客车上。

3. 按控制方式分类

汽车空调按控制方式可分为手动空调系统、半自动空调系统和全自动(智能)空调系统。

1）手动空调系统

手动空调系统不具备车内温度和空气配送自动调节功能,由驾驶员通过操作面板上的功能键完成对温度、通风机构和风向、风速的调节。这种类型的汽车空调系统通常应用在普及型轿车和中、大型货车上。

2) 半自动空调系统

半自动空调系统虽然具备车内温度和空气配送自动调节功能,但制冷、采暖的送风量等部分功能仍然需要使用者调节,它配有电子控制和保护电路,通常应用在普及型轿车或者部分中档轿车上。

3) 全自动空调系统

全自动空调系统由电子控制器根据各相关传感器的电信号,自动对温度、风量及风向等进行调节,可实现对车内空气环境的全季节、全方位、多功能的最佳调节和控制。全自动空调系统又分为模拟控制和微机控制两种形式,现代汽车越来越多地采用微机控制的全自动空调系统。

(二) 汽车空调的特点

汽车空调是家用空调的延续,但由于汽车空调是以消耗发动机的动力来调节控制汽车内的环境的,所以,了解汽车空调的特点,有利于汽车空调的使用和维护。汽车空调的主要特点如下。

(1) 因汽车空调安装在运动中的车辆上,要承受剧烈和频繁的振动和冲击,所以汽车空调的各个零部件应有足够的强度和抗震能力,接头应牢固并防漏。汽车空调制冷系统极容易发生制冷剂的泄漏,破坏整个空调系统的工作条件,统计表明,汽车空调因制冷剂泄漏而引起空调故障的约占全部故障的 80%,而且泄漏频率很高。

(2) 空调系统所需的动力来自发动机,对于轿车、轻型汽车、中小型客车及工程车辆,空调所需的动力和驱动汽车的动力都来自同一发动机,这种空调系统叫非独立式空调系统;对于大型客车和豪华型大中型客车,由于所需制冷量和暖气量大,一般采用专用发动机驱动制冷压缩机和设立的供暖设备,故称之为独立式空调系统。非独立式空调系统会影响汽车的动力性能,但比独立式空调系统在设备成本和运行成本上都经济。汽车安装了非独立式空调系统后,油耗平均增加了 10%~20%(和汽车的行驶速度有关),发动机的输出功率减少了 10%~12%。

(3) 要求汽车空调的制冷、制热能力强,其原因如下。

① 车内乘员密度大、产生的热量多、热负荷大,而冬天人体所需的热量也大。

② 汽车为了减轻自重,隔热层薄;汽车的门窗多、面积大,所以汽车隔热性能差,热量流失严重。

③ 汽车都在室外工作,直接接受太阳的热辐射、霜雪的冰冷、风雨的潮湿,工作环境恶劣、千变万化。要使汽车空调能迅速地降温,在最短的时间里达到舒适的环境温度,就要求制冷量特别大。对于非独立式空调系统,由于汽车发动机的工况变化频繁,所以制冷系统的制冷剂流量变化大。

(4) 汽车空调结构紧凑、质量轻。由于汽车本身的特点,要求汽车空调结构紧凑,能在有限的空间进行安装,而且安装了空调后,不至于使汽车增重太多,影响汽车的其他性能。现代汽车空调的总重,已经比 20 世纪 60 年代下降了 50%,是原始汽车空调质量的 1/4,而制冷能力却增加了 50%。

(5) 汽车空调的供暖方式与家用空调完全不同。对于非独立式汽车空调,一般利用发动机的冷却液供暖;而独立式空调系统则通常采用燃油供暖装置供暖。

三、汽车空调系统的组成

汽车安装空调系统的目的是调节车内空气的温度、湿度，改善车内空气的流动性，提高空气的清洁度。因此，汽车空调系统主要由以下几个部分组成。

1. 制冷装置

制冷装置对车内空气或由外部进入车内的新鲜空气进行冷却或除湿，使车内空气变得凉爽、舒适，如图1-1所示。

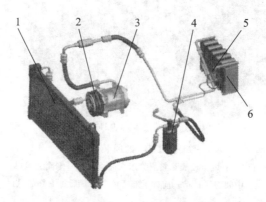

图1-1 制冷装置
1—冷凝器；2—离合器；3—压缩机；4—储液干燥器；5—膨胀阀；6—蒸发器

制冷装置由压缩机、冷凝器、储液干燥器、膨胀阀、蒸发器、冷凝器风扇、制冷管道、制冷剂等组成。

2. 供暖装置

供暖装置主要用于取暖，对车内空气或由外部进入车内的新鲜空气进行加热，达到取暖、除霜的目的。它由热交换器软管、热交换器芯、散热器软管、节温器、热水阀等组成，如图1-2所示。

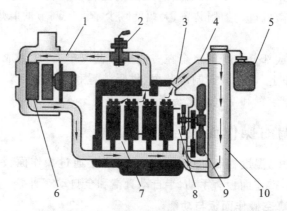

图1-2 供暖装置
1—热交换器软管；2—热水阀；3—节温器；4—散热器软管；
5—膨胀水箱；6—热交换器芯；7—发动机；8—水泵；9—风扇；10—散热器

3. 通风装置

通风装置（见图1-3）将外部的新鲜空气吸进车内，起通风和换气作用。同时，通风装置对防止风窗玻璃起雾也起着良好的作用。它由进气模式风门、鼓风机、混合气模式风门、气流模式风门、导风管等组成。

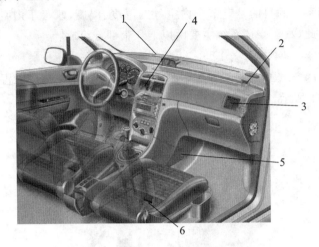

图1-3 通风装置

1、2—前风窗玻璃除霜或除水汽通风口；3—侧面通风口；
4—中间通风口；5—前排下部通风口；6—后排下部通风口

4. 空气净化装置

空气净化装置除去车内空气中的尘埃、臭味、烟气及有毒气体，使车内空气变得清洁。它由车内、外空气交换装置和车内空气循环装置两部分组成。

5. 空调控制装置

空调控制装置对制冷系统、供暖系统和空气配送系统的温度、压力进行控制，同时对车内的温度、风量、空气流向进行调节，并具有故障诊断和网络通信的功能，完善了控制系统的自动化。控制装置包括点火开关、A/C开关、电磁离合器、鼓风机开关、调速电阻器、各种温度传感器、制冷剂压力开关、温度控制器、送风模式控制装置、各种继电器等。近几年来，不少高级轿车上采用了微机自动控制装置，大幅度减少了人工调节的麻烦，提高了空调的经济性和调节效果。

将上述装置全部或部分有机地组合在一起安装在汽车上，便组成了汽车空调系统。在一般的轿车和客、货车上，通常只有制冷装置、供暖装置和通风装置，在高级轿车和高级大、中型客车上，还有加湿装置和空气净化装置。

四、汽车空调的操作面板与功能

在汽车空调系统中，温度控制和风量的混合配送是通过操作面板完成的。由于空调系统的自动化程度不同，操作面板有手动、半自动真空和全自动三种。

1. 手动、半自动真空操作面板与功能

手动、半自动真空操作面板控制键的形式有所不同，但它们的功能键控制的内容基本相同。桑塔纳、切诺基等车型均采用这种操作面板，如图1-4所示。其主要功能键的作用如下。

1）功能选择键

功能选择键主要用于空调系统供暖、制冷、冷暖风和除霜控制，具体功能键的名称和作用如下："OFF"停止位置；"MAX"快速降温位置；"A/C"（或"NORM"）空调位置；"VENT"

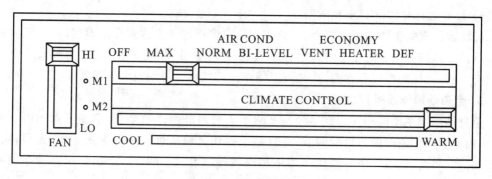

(a) 手动操作面板

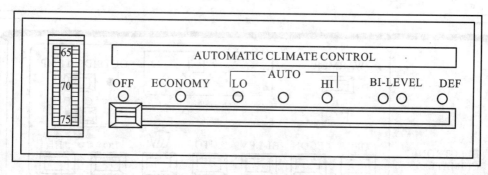

(b) 半自动真空操作面板

图 1-4　手动、半自动真空操作面板

自然通风位置；"FLOOR"（或"HEATER"）暖气位置；"MIX"（或"BI-LEVEL"）分层送冷位置。

功能选择键移动到不同位置，可通过拉绳或真空开关控制各个风门的开关位置，从而调节空气温度与流向。

2）温度键

对于手动空调系统，温度键主要用于控制调温门的位置。当其位于冷端（"COOL"）或暖端（"WARM"）时，调温门在拉绳的作用下分别关闭或打开流经加热器的空调风。当其位于二者中间的位置时，可得到不同比例的暖气与冷气的混合空气。

对于半自动空调系统，温度键主要是设定系统的工作温度，使空调在规定的温度范围内工作。

3）调风键

调风键主要用于控制空调器内鼓风机的转速。手动空调系统一般有 4 个调速挡，即"HI"（高速）、"LO"（低速）、"M1"（中速 1）、"M2"（中速 2），一般通过改变串联在鼓风机电路中的电阻来达到调速的目的。

半自动空调系统对送风量的控制有"LO"（低速）、"AUTO"（自动）和"HI"（高速）三挡，它是按照操作者对空调的要求工作的，高速挡通常在车内外温差大时采用，而低速挡则正好相反。自动挡可以根据环境温度的变化自动调整送风量。

4）后窗除霜键（"DEF"）

后窗除霜键属于一个电路开关，用于控制后风窗除霜电热丝电源的通断，指示灯用于提醒驾驶员不要忘记切断电源。

5) 经济运行键("ECONOMY")

经济运行键的主要作用有两个:一是当车内温度接近或者达到设定温度时,使鼓风机低速运行,以节省能源;二是在车内外温差不大时,停止制冷、供暖工作,而转为吸入外循环风的工作方式,这样既可以节省能源,又可以使车内空气质量得到很好的保证。

2. 全自动操作面板与功能

全自动空调系统能充分满足驾驶员及乘坐人员对舒适性的要求,实现了对车内空气流动、车内温度及车内湿度的自动调节,并且整个操作过程通过轻触按键来完成,无须再去调节控制柄。奥迪、红旗等中高档轿车均采用这种控制方式。图1-5所示是全自动空调系统的操作面板,各按键功能如下。

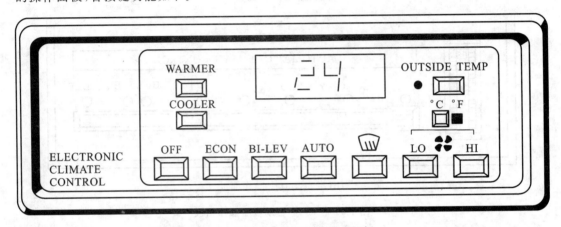

图 1-5 全自动空调系统的操作面板

(1)"OFF"按键。按下此键即关掉空调,新鲜空气不再进入车内,可防止车外被废气或灰尘污染的空气进入车内。

(2)"ECON"经济按键。按下此键,温度、鼓风机转速、暖风及新鲜空气的分配都将进行自动调节,空调压缩机被关掉,只有新鲜空气或暖风通过鼓风机吹入车内。

(3)"AUTO"自动按键。此键适用于各种天气状态,一旦达到设定的温度,空调鼓风机将以最低的转速运转;若温度发生变化,调节系统会通过改变鼓风机转速和调节温度门进行调节。天气寒冷时,暖空气从吹脚风道出风口吹出,少部分暖空气吹到挡风玻璃上进行除霜;天热时,冷风从中央出风口吹出。

(4)"BI-LEV"混合气按键。此键的工作位置、温度、鼓风机转速的调节与"AUTO"自动按键相同,但空气的分配不同,暖风和冷风按给定的路线以相同的流量从中央出风口和吹脚风道出风口吹出,只有少量空气吹到挡风玻璃上。

(5)除霜按键。按下除霜按键,大部分空气通向挡风玻璃进行除霜、除雾。此时,空调鼓风机高速运转。

(6)"WARMER"按键和"COOLER"按键。"WARMER"按键和"COOLER"按键是用来选择车内温度的,范围为18~29 ℃。按一下"WARMER"按键,温度升高1 ℃,超过29 ℃时,显示"HI";按一下"COOLER"按键,温度下降1 ℃,低于18 ℃时,显示"LO"。

"HI"和"LO"分别对应于全自动空调系统的最大供暖能力和最大制冷能力,当显示"HI"或"LO"时,温度自动调节不起作用。

(7)"LO"按键和"HI"按键。该按键是辅助功能按键,是为降低或提高鼓风机转速而设置的。按下"LO"按键或"HI"按键,空调鼓风机的转速就会下降或提高。如果要使"LO"按键或"HI"按键回位,取消其辅助作用,只要按一下其他任何一个按键即可。

(8)"OUTSIDE TEMP"按键。该按键为外部温度按键,按下此键,将显示外部温度值,同时该键左侧的检查指示灯。天气寒冷时,鼓风机只有在发动机冷却液升温到 50 ℃时才开始运转,以此保证汽车空调具有良好的制热性能。如果点火开关接通后约 1 min,"OUTSIDE TEMP"按键左边的指示灯闪亮,则表示空调系统有故障;如果空调系统在行驶中出现故障,指示灯同样也会闪亮。

在外部温度按键的下方是温度指示选择开关和"℃"按键、"℉"按键。选择"℃"按键时,温度显示为摄氏温度;而在选择"℉"按键时,温度显示为华氏温度。

该面板按键的组合操作,还可以完成对空调系统的自诊断功能,故障代码在显示屏上自动显示。

【专业知识拓展】

一、汽车空调系统的正确使用

正确使用汽车空调系统,可以节约能源,减少故障出现,并能保证汽车空调系统具有良好的技术状况和工作可靠性,发挥其最大效率,延长其使用寿命。

对于非独立式汽车空调系统,其操作使用是比较方便的。使用空调的方式,对空调的性能及寿命、发动机的工作稳定性及功耗、乘员的舒适性都有很大影响。为此,应注意下列几点。

(1)使用空调前应先启动发动机,待发动机稳定运转几分钟后,打开鼓风机至某一挡位,然后再按下空调 A/C 开关以启动空调压缩机,调整送风温度和选择送风口,空调即可正常工作。需要注意的是,当温度调节推杆处于最大冷却位置时,应尽量使用鼓风机的高速挡,以免蒸发器因过冷而结冰。

(2)在空调系统运行时,若听到空调装置(如压缩机、鼓风机等)有异常响声或发生其他异常情况,应立即关闭空调,并及时查明原因,排除故障。

(3)若汽车空调系统无超速自动停转装置,在爬长坡或超车时应暂时断开压缩机的运行(即关闭 A/C 开关),以免发动机动力不足或发动机超负荷运行而过热。

(4)在夜间行驶时,由于整车耗电量较大,不应长时间使用空调以免引起蓄电池亏电。

(5)汽车停驶时不要长时间使用空调制冷装置,以免耗尽蓄电池的电能和防止废气被吸入车内,造成再次启动发动机时产生困难和乘员中毒,还可避免因冷凝器和发动机散热不良而影响空调的性能和发动机的寿命。

(6)当制冷量突然减少时,应断开空调 A/C 开关,检查排除空调系统故障后再继续使用。

(7)发动机过热时,应当停止使用空调,待发动机正常工作后再使用。

(8)使用空调时,若鼓风机处于低速挡,冷气温控开关的动作温度不宜调得过低,否则,不仅达不到使车内温度进一步降低的目的(蒸发器容易结霜,产生风阻),而且有可能出现压缩机液击现象。

(9)有些汽车空调空气入口的控制有"FRESH"(新鲜)和"RECIRC"(封闭循环)两个控

制位置。若汽车在尘土飞扬的道路上行驶，应将空气入口控制在封闭循环位置，以防车外灰尘进入。

(10) 对于具有独立式空调系统的汽车，应严格按使用说明书的规定启动和运行空调器。因为这类空调装置控制辅助发动机的启动和运行，启动方法要比非独立式空调系统的复杂。

(11) 为延长辅助发动机的寿命，应尽量做到低速启动、低速关机。有可能时，应在加设、卸载启动装置的同时，保证发动机吸气的清洁度。

二、汽车空调系统的维护

平时做好空调系统的日常维护和定期维护工作是很重要的。由于在维护过程中能及时发现故障先兆，可积极采取措施消除隐患，所以能充分发挥空调的作用，保证空调系统的正常运行。

1. 汽车空调系统的日常维护

(1) 保持冷凝器和蒸发器的清洁。因为它们的清洁程度与其换热状况有很大关系，所以应经常检查其表面有无污物、散热片是否弯曲或被阻塞等。如发现表面脏污，应及时用压缩空气吹净或用压力清水清洗干净，以保持良好的散热条件，防止因散热不良而造成冷凝器压力和温度过高、制冷能力下降。在清洗冷凝器的过程中，应注意不要把散热片碰倒，更不能损伤制冷管道。

(2) 保持送风通道空气进口过滤器的清洁。送入车厢内的空气都要经过空气进口过滤器的过滤，如果滤网堵塞，会使风量减少。因此应经常检查过滤器是否被灰尘、杂物堵塞并进行清洁，以保证进风量充足。一般每星期应检查一次，如发现堵塞，可打开蒸发器检查门，卸下滤网，然后用压缩空气或带有中性洗涤剂的温水洗净，也可将滤网浸在水中，用毛刷刷净污物。

(3) 经常检查制冷剂是否充足。可低速运转空调，从观察窗上察看是否有气泡出现。如出现气泡，说明制冷剂不足，应及时进行检查修理或补充。

(4) 定期检查制冷压缩机驱动皮带的使用情况和松紧程度。皮带过紧会增加磨损，导致轴承损坏；过松则易使转速降低，造成制冷量不足，甚至发出异常响声。如皮带过紧或过松，应及时调整；如发现皮带出现裂口或损坏，应采用汽车空调专用皮带进行更换。另外，新装冷气皮带在使用 36~48 h 后会有所伸长，应重新张紧。

(5) 在春秋或冬季不使用空调的季节里，应每半个月启动空调压缩机一次，每次 5~10 min。这样制冷剂在循环中可把冷冻机油带至系统内的各个部分，从而可防止系统管路中各密封胶圈、压缩机轴封等因缺油干燥而引起密封不良和制冷剂泄漏，并使压缩机、膨胀阀以及系统内各活动部件的动作不致结胶黏滞或生锈。还要注意的是，在进行这项维护工作时，应在环境温度高于 4 ℃时进行，否则，环境温度过低，冷冻机油会因黏度过大而流动性变差，当压缩机启动后不能立即将油带到需要润滑的部位而造成压缩机磨损加剧甚至损坏。

(6) 经常检查制冷系统各管路接头和连接部位、螺栓、螺钉是否有松动现象，是否有与周围机件相磨碰的现象，传动机构的工作是否正常，胶管是否老化，在进出叶子板孔处的隔震胶垫是否脱落或损坏。

(7) 由于有些辅助发动机有单独供油系统，所以还需经常注意空调油箱的储油情况，并检查辅助发动机的水温、水位、油压等情况,及时补充到规定的位置。

(8) 检查电路连接导线、插头是否有损坏或松动现象。

(9) 经常注意空调在运行中有无不正常的噪声、异响、振动或异常气味,如有,应立即停止使用并送专业修理部门及时检查和修理。

2. 汽车空调系统的定期维护

汽车空调系统作为汽车上很重要的一个系统,除了上述的一些日常维护和检查工作外,在使用过程中还应由汽车空调专业维修人员对空调系统各总成和部件做一些必要的定期维护和调整检查工作,这样做不但可以保证空调的性能和发挥空调的最佳效果,而且可以更好地保证汽车空调的使用寿命和工作可靠性,减少维修工作量。汽车空调的定期维护方法一般有两种:一种是与汽车的维护同步进行,另一种是按制订的维护周期独立进行。汽车空调的定期维护项目主要有以下几项。

1) 压缩机的检查和维护

压缩机的检查和维护一般是每两年进行一次,主要检查进、排气压力是否符合要求,各紧固件是否有松动、漏气现象。拆开后主要检查进、排气阀片是否有破损和变形现象,如有,应修整或更换进、排气阀总成。压缩机拆修后装复时必须更换各密封圈和轴封,否则会造成压缩机密封处泄漏。目前,我国轿车压缩机主要依靠进口,压缩机配件尤其是相配套的压缩机修理包(内装某种压缩机的易损件,如密封件、轴封等)十分缺乏,因此,国内各厂家对压缩机的定期维护基本上没有条件进行,一般都是当压缩机出现故障时更换整个压缩机总成。

2) 冷凝器及其冷却风扇的检查和维护

冷凝器及其冷却风扇的检查和维护一般每年进行一次,维护内容主要是彻底清扫或清洗冷凝器表面的杂质、灰尘,用扁嘴钳扶正和修复冷凝器的散热片,仔细检查冷凝器表面是否有异常情况,并用检漏仪检查制冷剂是否泄漏(如防锈涂料脱落,应重新涂刷,以防止冷凝器生锈穿孔而泄漏),检查冷凝器冷却风扇是否运转正常,检查风扇电动机的电刷是否磨损过量。

3) 蒸发器的检查和维护

对于蒸发器的检查和维护,一般应每年用检漏仪进行一次检漏作业,每两到三年应卸开蒸发器箱盖,对蒸发器内部进行清扫,清除送风通道内的杂物(可用压缩空气来吹净)。

4) 电磁离合器的检查和维护

电磁离合器每一年到两年应检修一次,重点检查其动作是否正常,是否有打滑现象,接合面、电磁离合器轴承是否严重磨损。同时,还必须用厚薄规检查电磁离合器间隙是否符合要求。

5) 储液干燥器的更换

汽车空调在正常使用的情况下,一般每三年左右更换一次储液干燥器,如因使用不当使水分进入系统应及时更换。另外,如系统管路被打开,一般也应更换储液干燥器。

6) 膨胀阀的维护

一般每一年到两年检查一次膨胀阀的动作是否正常、开度大小是否合适、进口滤网是否被堵塞,如不正常,应更换或做适当调整。

7) 制冷系统管路的维护

(1) 管接头,每年检查一次,并用检漏仪检查其密封情况。

(2) 配管,检查其是否与其他部件相碰,软管是否老化、出现裂纹,一般每三到五年应更换软管。

8) 驱动机构的检查和维护

(1) V形带,每使用100 h检查一次张紧度和磨损情况。

(2) 张紧轮及轴承,每年检查一次,并加注润滑油,使用三年左右应更换新品。

9) 冷冻机油的更换

冷冻机油一般每两年左右检查或更换,对于管路有较大泄漏的情况,应及时检查或补充冷冻机油。

10) 安全装置的检查与更换

高压开关、低压开关、水温开关等关系到空调系统是否能安全、可靠地工作的安全装置,一般应每年检查一次,每五年更换一次。

11) 怠速提升装置的检查

怠速提升装置应每年检查和调整一次。

12) 其他注意事项

(1) 螺栓、螺母等紧固件应每三个月紧固一次。

(2) 防震隔震橡胶应每年检查其是否老化、变形,如有,应及时更换。

(3) 管道保温材料应每年检查一次是否老化失效。

(4) 制冷状况的检查应每两年进行一次,一般测量进、出风口温度差应在7~10 ℃范围内。

上述定期检查和维护周期,应根据空调运行的具体情况和相应车辆的维护手册进行,不可生搬硬套。例如:对于空调使用十分频繁的南方地区,可适当缩短维护周期;而对于北方地区,每年空调运行的时间相对较短,因此,可适当延长维护周期。

【案例分析】

1. 凌志LS400轿车空调杀菌操作流程

凌志LS400轿车空调杀菌操作流程如下。

(1) 将车内所有食品、饮料等取出。

(2) 取下流水槽,拆下新风口,取出新风滤清器(空调格),用压缩空气吹干净(或更换)。

(3) 关上车门、车窗,启动发动机并启动空调制冷系统,调到外循环,将冷气温度调到最低,并将风量开到最大。

(4) 将喷管从外循环进风口位置放入,喷出浓度约50%的杀菌剂;再将喷管从内循环进风口位置放入,喷出浓度约50%的杀菌剂。喷洒方法:按压半秒,松开一秒,如此循环。不要一直按住,这样是为了使药剂能最好地雾化。

(5) 喷洒完毕后,关闭发动机和空调系统。

(6) 打开车门、车窗,使空气对流。

(7) 装回新风滤清器和流水槽。

(8) 20~30 min后重新启动空调系统。

对于某些拆卸流水槽、空调格比较困难,而且相当费时的车型,可以进行下列内循环杀菌操作。

(1) 将车内所有食品、饮料等取出。

(2) 调到内循环,将冷气温度调到最低,并将风量开到最大。

(3) 从车内副驾驶座下出风口处按前述喷洒方法喷入杀菌剂。

(4) 打开车门、车窗,使空气对流。

2. 汽车空调系统杀菌养护过程中的注意事项

(1) 空调杀菌项目必须在洗车后再做。

(2) 进行空调杀菌前,要注意先做好脚垫以及车厢内的清洁工作。这样可以避免因为车内的异味或脏乱引起车主的不满。

(3) 在操作的过程中要严格按照操作流程进行。

(4) 刚做完杀菌项目时,如果通风的时间不够长,车内会有一点类似于医院用的消毒酒精的味道,告诉车主此乃正常现象,对人体绝无伤害,第二天就会完全消失。

学习任务 2
汽车空调系统完全不制冷故障检修

◀ **任务要求**

完成本学习任务后,你应该能够:

(1) 了解汽车空调的组成和工作原理;

(2) 理解汽车空调两种温度控制类型的工作原理;

(3) 正确掌握汽车空调中常用仪器的使用;

(4) 能对汽车空调进行常规检查;

(5) 熟练掌握汽车空调制冷系统加注制冷剂的各项操作;

(6) 正确完成企业标准验收任务,评价和反馈工作过程,完成任务工单。

【情景导入】

一辆凌志 LS400 轿车行驶总里程数为 6.5 万公里时,车主到店反映在开启空调时完全没有冷风。

【背景知识】

一、汽车空调制冷系统的制冷原理

汽车空调制冷系统的制冷原理如图 2-1 所示,制冷系统各部件之间采用铜管(或铝管)和高压橡胶管连接成一个密闭系统,制冷系统工作时,制冷剂以不同的状态在这个密闭系统内循环流动,每个循环又分以下四个基本过程。

(1) **压缩过程**:压缩机吸入蒸发器出口处的低温低压的制冷剂气体,把它压缩成高温高压的气体排出压缩机。

(2) **放热过程**:高温高压的过热制冷剂气体进入冷凝器,由于压力及温度降低,制冷剂气体冷凝成液体,并放出大量的热量。

(3) **节流过程**:温度和压力较高的制冷剂液体通过节流装置后体积变大,压力和温度急剧下降,以雾状(细小液滴)排出节流装置。

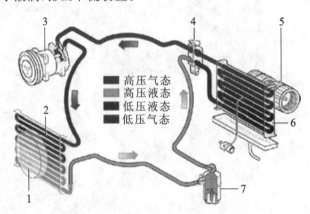

图 2-1 汽车空调制冷系统的制冷原理

1—风扇;2—冷凝器;3—压缩机;4—节流装置;5—鼓风机;6—蒸发器;7—储液干燥器

(4) **吸热过程**:雾状制冷剂液体进入蒸发器,因此时制冷剂沸点远低于蒸发器内温度,故制冷剂液体蒸发成气体,在蒸发过程中大量吸收周围的热量,而后低温低压的制冷剂蒸气又进入压缩机。

上述过程周而复始地进行下去,便可达到降低蒸发器周围空气温度的目的。

二、汽车空调制冷系统的组成部件及其作用

(一) 组成部件

汽车空调制冷系统的主要组成部件有压缩机、冷凝器、储液干燥器或集液器、膨胀阀或孔管、蒸发器、连接软管、压力开关和控制电路等。

图 2-2 所示是装有膨胀阀和储液干燥器的汽车空调制冷系统。压缩机是制冷系统的心脏,连接蒸发器和冷凝器;膨胀阀总是装在液体管路中的蒸发器进口处,而使用储液干燥器的系统必须把储液干燥器放在冷凝器和膨胀阀之间。

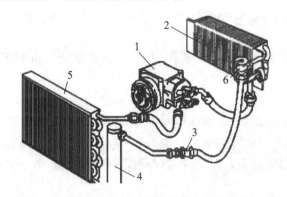

图 2-2 装有膨胀阀和储液干燥器的汽车空调制冷系统
1—压缩机;2—蒸发器;3—观察窗;4—储液干燥器;5—冷凝器;6—膨胀阀

制冷系统由下列三种管路连接而成。
(1) 高压管路,用于连接压缩机和冷凝器。
(2) 液体管路,用于连接冷凝器和蒸发器。
(3) 回气管路,用于连接蒸发器和压缩机。

(二) 各部件的作用

1. 压缩机

压缩机的作用是将从蒸发器出来的低温、低压的气态制冷剂通过压缩转变为高温、高压的气态制冷剂,并将其送入冷凝器。目前在汽车空调系统中所采用的压缩机有多种类型,比较常见的有斜盘式压缩机、叶片式压缩机、涡旋式压缩机、曲轴连杆式压缩机等。此外,压缩机还可分为定排量压缩机和变排量压缩机两种类型,变排量压缩机可根据空调系统的制冷负荷自动改变排量,使空调系统的运行更加经济。

2. 冷凝器

冷凝器的作用是将压缩机送来的高温、高压的气态制冷剂转变为液态制冷剂,制冷剂在冷凝器中散热而发生状态的改变。因此冷凝器是一个热交换器,将制冷剂在车内吸收的热量散发到大气当中。

小型汽车的冷凝器通常安装在汽车的前面(一般安装在散热器前),通过风扇进行冷却。(冷凝器风扇一般与散热器风扇共用,也有车型采用专用的冷凝器风扇。)

3. 储液干燥器和集液器

1) 储液干燥器

储液干燥器用于膨胀阀式的制冷循环,其作用如下。
(1) 暂时存储制冷剂,使制冷剂的流量与制冷负荷相适应。
(2) 去除制冷剂中的水分和杂质,确保系统正常运行。(如果系统中有水分,有可能造成水分在系统中结冰,堵塞制冷剂的循环通道,造成故障。如果制冷剂中有杂质,也可能造成系统堵塞,使系统不能制冷。)
(3) 部分储液干燥器上装有观察窗,通过观察窗可观察制冷剂的流动情况,确定制冷剂的流量。

(4) 有些储液干燥器上装有易熔塞，在系统压力、温度过高时，易熔塞熔化，放出制冷剂，保护系统重要部件不被破坏。

(5) 有些储液干燥器上安装有维修阀，供维修制冷系统、安装压力表和加注制冷剂之用。

(6) 有些车型的储液干燥器上装有压力开关，可在系统压力不正常时，中止压缩机的工作。

2) 集液器

集液器用于孔管制冷系统，安装在蒸发器出口处的管路中。由于孔管无法调节制冷剂的流量，因此蒸发器出来的制冷剂不一定全部是气体，可能有部分液体，为防止压缩机损坏，故在蒸发器出口处安装集液器，一方面将制冷剂进行气液分离，另一方面起到与储液干燥器相同的作用。

4. 膨胀阀和孔管

1) 膨胀阀

膨胀阀安装在蒸发器的入口处，其作用是将从储液干燥器出来的高温、高压的液态制冷剂从膨胀阀的小孔喷出，使其降压，体积膨胀，转化为雾状制冷剂，在蒸发器中吸热变为气态制冷剂。同时，还可根据制冷负荷的大小调节制冷剂的流量，确保蒸发器出口处的制冷剂全部转化为气体。

膨胀阀的结构形式有三种，分别为外平衡式膨胀阀、内平衡式膨胀阀和 H 形膨胀阀，下一任务将分别予以介绍。

2) 孔管

孔管(又称节流膨胀管或孔管式节流阀)，属于节流孔固定的膨胀阀，直接安装在冷凝器和蒸发器之间的管路中，它只有节流降压的作用。孔管是一根装在塑料套内的小铜管，是一种固定孔口的节流装置，其两端都装有过滤网。

5. 蒸发器

蒸发器也是一个热交换器，从膨胀阀喷出的雾状制冷剂在蒸发器中蒸发，吸收通过蒸发器的空气中的热量，使其降温，达到制冷的目的。在降温的同时，空气中的水分也会由于温度降低凝结出来，蒸发器还要将凝结的水分排出车外。蒸发器安装在驾驶室仪表台的后面，主要由管路和散热片组成，在蒸发器的下方还有接水盘和排水管。空调制冷系统工作时，鼓风机的风扇将空气吹过蒸发器，空气和蒸发器内的制冷剂进行热交换，制冷剂汽化，空气降温，同时空气中的水分凝结在蒸发器的散热片上，并通过接水盘和排水管排出车外。

6. 连接软管

汽车空调的压缩机、冷凝器、节流装置、蒸发器等是靠软管连接成一个制冷系统的。软管必须具有吸收振动的能力，不能泄漏制冷剂，并能承受一定的重量。

汽车空调中常用的软管有耐氟氯丁橡胶软管和尼龙软管。用于汽车空调的耐氟氯丁橡胶软管常用编号有 6 号(内径为 8 mm)、8 号(内径为 10 mm)、10 号(内径为 12.5 mm)、12 号(内径为 16 mm)四种，编号越小，内径越小。汽车空调常用三种尺寸的软管：回气软管中的制冷剂是低压蒸气，所用软管直径是三种尺寸中最大的一种，以保证有充足的制冷剂进入压缩机；高压软管中的制冷剂是高压蒸气，高压软管直径较小；高压液体管路中的制冷剂是高压液体,所用管径是三种尺寸中最小的一种。尼龙软管的外径比耐氟氯丁橡胶软管的外径小,其耐压、耐爆裂强度高,最小耐爆裂强度是29.6 MPa,而耐氟氯丁橡胶软管的耐爆裂强度为14.8 MPa。

7. 压力开关

汽车空调制冷系统中,一般都设有压力开关。常用的压力开关有高压压力开关、低压压力开关、高低压组合开关和三位压力开关等,其安装位置和功用有所不同。

1) 高压压力开关

高压压力开关的作用是防止系统压力过高(阻塞和温度过高造成),控制电磁离合器的通断与冷凝器风扇的转速。

2) 低压压力开关

低压压力开关的作用是防止系统压力过低(冷媒泄漏严重、蒸发器结霜造成),控制电磁离合器的通断与旁通电磁阀。

3) 高低压组合开关

高低压组合开关将高压压力开关和低压压力开关装在一个壳体内,安装在高压回路中。高低压组合开关有两套触点,但只有一套接线柱,可分别感受制冷系统的高压侧压力和低压侧压力,对压缩机实施控制。

4) 三位压力开关

三位压力开关一般安装在储液干燥器上,感受制冷剂高压回路的压力信号。

(1) 制冷剂压力≤0.196 MPa时,由于隔膜、蝶形弹簧和上弹簧的弹力大于制冷剂的压力,因此高低压接点断开(OFF),压缩机停转,实现低压保护。

(2) 当制冷剂压力达到0.2 MPa以上时,此压力高于开关的弹簧压力,弹簧会挠曲,高低压接点接通(ON),压缩机正常运转。

(3) 当制冷剂压力大于1.77 MPa时,压力大于隔膜弹力,隔膜会反转,将轴上推,以接通冷凝器风扇(或散热器风扇)的转速转换接点,风扇以高速运转,实现中压保护。当制冷剂压力降至1.37 MPa时,隔膜恢复原状,轴下落,接点断开,冷凝器风扇以低速运转。

(4) 当制冷剂压力达到3.14 MPa以上时,会大于隔膜、蝶形弹簧的弹力,蝶形弹簧反转,以断开高低压接点,压缩机停转,实现高压保护。

三、汽车空调温度控制原理

1. 孔管制冷系统的工作原理

孔管(CCOT)制冷系统(也称CCOT制冷系统)用恒温器来控制电磁离合器电路,以达到控制压缩机的运行,控制蒸发器的温度,防止其发生冰堵的目的。

孔管制冷系统最大的特点是用节流孔管来取代复杂的膨胀阀,用集液器取代储液干燥器,所以结构极其简单。CCOT制冷系统的工作原理如图2-3所示。

制冷剂经压缩机压缩成高压气体,在冷凝器里液化成高压液体后,经过孔管的节流降压作用,又变为低压制冷剂,在蒸发器内吸热蒸发成气体。由于孔管不具备调节制冷剂流量的功能,所以当压缩机高速运转时,蒸发器有可能蒸发不彻底,在其出口处出现液态制冷剂。为了避免压缩机发生"液击"而损坏,在蒸发器出口处安装了一个集液器,多余的液态制冷剂在此蒸发成气体,送到压缩机进行压缩。在集液器出口处,设置了一个溢油孔,目的是把从

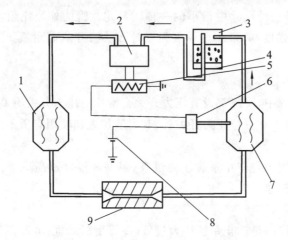

图 2-3 CCOT 制冷系统的工作原理

1—冷凝器；2—压缩机；3—集液器；4—溢油孔；5—电磁离合器；
6—恒温器；7—蒸发器；8—蓄电池；9—孔管

制冷剂中分离出的冷冻机油从溢油孔送回压缩机。

2. 孔管的构造和新型 CCOT 制冷系统

孔管的构造很简单，在一根工程塑料管的中间安装一根节流用的铜管，铜管的内孔孔径为 3～5 mm，塑料管两端装有金属过滤网，塑料管外表面装有密封用的 O 形橡胶密封圈。孔管一端插进蒸发器，一端插进从冷凝器来的橡胶管，其结构如图 2-4 所示。由于孔管没有运动件，所以结构简单，不易损坏，唯有过滤网会发生堵塞，这时只需拆下来，换上一个新的孔管即可。

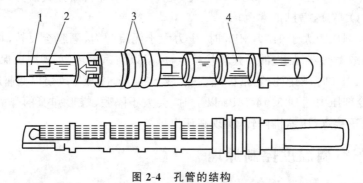

图 2-4 孔管的结构

1—出口；2—孔口；3—密封圈；4—进口滤网

由于 CCOT 制冷系统设置了集液器，所以使压缩机启动容易，这是 CCOT 系统节能的根本原因。据有关资料报道，CCOT 制冷系统比其他电磁离合器循环制冷系统一般节能 15%，而比蒸发器控制的制冷系统节能可达 30%。由于压缩机重新启动容易，电磁离合器的寿命和压缩机的寿命均延长了一倍以上。另外，由于启动转矩小，压缩机损耗可以进一步降低。

新型 CCOT 制冷系统已经不再使用恒温器了，而是在集液器上装一个压力开关，以感测从蒸发器出来的制冷剂的压力。当从蒸发器出来的制冷剂的压力低于限定值时，低压开关便切断电磁离合器电磁线圈的电路，使制冷压缩机停止运行。例如：当制冷剂压力在 0.310 MPa

时,电磁离合器吸合,压缩机运行;在制冷剂压力降到 0.273 MPa 时,电磁离合器分离。实际应用中,只要将调试好的压力开关装在测试孔口上,压力开关就和电磁离合器电磁线圈构成一个控制电路,即组成了一个新型的用压力开关控制的 CCOT 制冷系统,其工作原理如图 2-5 所示。

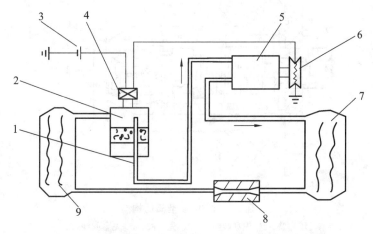

图 2-5　用压力开关控制的 CCOT 制冷系统的工作原理
1—溢油孔;2—集液器;3—蓄电池;4—压力开关;5—压缩机;
6—电磁离合器;7—冷凝器;8—孔管;9—蒸发器

从图 2-5 可知,用压力开关控制的 CCOT 制冷系统与用恒温器控制的 CCOT 制冷系统最大的不同之处是恒温器被压力开关取代,这样使制冷系统更简单、可靠,温度控制也更准确。

CCOT 制冷系统的最大特点是节能和可靠,所以被广泛应用在经济性能要求高的经济型轿车和中级轿车上。近年来,由于重视汽车节能,许多高级轿车也采用 CCOT 制冷系统。

有些轿车的空调采用 CCOT 制冷系统后,为了消除压缩机的高压噪声,在压缩机出口处配置了一个金属罐消声器,并设有高、低压开关,用于保护制冷系统的安全工作。

3. EPR 制冷系统

蒸发器压力调节器(evaporator pressure regulator,简称 EPR)制冷系统,主要用在克莱斯勒汽车公司和丰田汽车公司的高、中级汽车上。它装在压缩机的入口处,而不是蒸发器出口处。由于安装位置的差异,制冷剂蒸气的过热度有所不同,所以 EPR 系统的平衡设计值的蒸发器压力,相对于其他制冷系统略有提高。EPR 制冷系统的工作原理和其他系统类似,都是将蒸发器压力控制在高于 0.308 MPa,以防止蒸发器结冰。

目前 EPR 制冷系统常用 EPR-Ⅱ型阀,其构造如图 2-6 所示。EPR-Ⅱ型阀是采用先导阀控制活塞主气量的一种蒸发器压力控制阀,这类阀的控制精度高。它与 POA 阀的区别在于,磷青铜波纹管内不是抽成真空,而是充注一种惰性气体,例如氮气。它的工作原理和 POA 阀亦有所不同。

EPR-Ⅱ型阀的工作原理如下。

当蒸发器压力等于设计压力(例如 0.308 MPa)时,活塞刚好关闭主气孔,活塞承受着蒸气压力和弹簧力两个力。当蒸发器的温度比较高时,蒸气压力大于 0.308 MPa,这时,蒸气压力大于波纹管内的气体膨胀力,波纹管收缩,先导阀打开,活塞的背压力消失,活塞的正压力大于弹簧力,迫使活塞右移而使主气孔的开度增加,供给蒸发器更多的制冷剂,从而增加制冷剂流量。

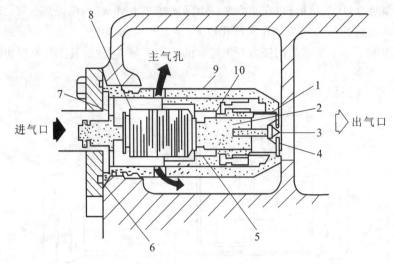

图 2-6 EPR-Ⅱ型阀的构造

1—活塞支承弹簧；2—先导阀阀座；3—先导阀；4—先导阀弹簧；5—活塞；
6—O形圈；7—波纹管固定板；8—波纹管；9—阀体；10—小孔

当蒸发器压力下降时，波纹管逐渐伸长，活塞在弹簧力的作用下，逐渐向左移动，减小了主气孔的面积。若压缩机的转速不断加大，则吸气压力继续下降，当蒸发器压力下降到 0.289～0.308 MPa 时，波纹管伸长量使先导阀关闭。此时，蒸气压力和弹簧力相等，活塞亦将主气孔的通路关闭，只让小孔供给压缩机极少量的蒸气，控制蒸发器的压力不再继续下降，防止蒸发器表面发生结冰现象。当蒸发器压力大于 0.308 MPa 时，则与上述过程相反。

近来，克莱斯勒汽车公司推出了结构更简单的 EPR-Ⅲ型阀，如图 2-7 所示。它只有一个铜质波纹管作为制冷剂的通道，进气口设置了一个锥形阀。当蒸发器压力高时，波纹管伸长，锥形阀打开；反之，锥形阀关闭。EPR-Ⅲ结构简单，但控制精度较差。

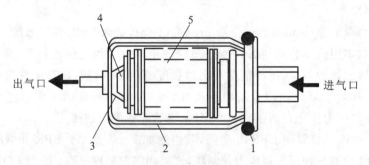

图 2-7 EPR-Ⅲ型阀

1—O形圈；2—阀体；3—锥形阀阀座；4—锥形阀；5—波纹管

四、制冷剂和冷冻机油

（一）制冷剂

1. 制冷剂的定义

在制冷系统中用于转换热量并且循环流动的物质称为制冷剂。

汽车空调是利用蒸气压缩制冷装置驱动制冷剂循环流动实现制冷的。液态制冷剂在蒸发器中在低温下吸收被冷却对象的热量而汽化,使被冷却对象得到降温,然后,又在高温下把热量传给周围的介质而冷凝成液体。如此不断循环,借助于制冷剂的状态变化,达到制冷目的。

目前汽车空调系统使用的制冷剂通常有 R12、R134a 等,其中,英文字母"R"是 refrigerant(制冷剂)的首字母,数字代号使用的是美国制冷工程师学会(ASRE)编制的代号系统。

制冷剂的种类很多,理论上只要能进行气液两相转换的物质,均可作为蒸发制冷系统的制冷剂。但寻找制冷效率高,且对环境没有污染的制冷剂却很困难,目前使用的 R134a 只是 R12 的替代品,其排放物产生的温室效应仍然对环境有较大的危害。

2. R12 制冷剂的特性

车用空调中曾广泛使用的制冷剂 R12,分子式为 CCl_2F_2,化学名称为二氟二氯甲烷,是一种较为理想的制冷剂,主要特性如下。

(1) 无色、无刺激性气味;一般情况下不具有毒性,对人体没有直接危害;不燃烧,无爆炸危险;热稳定性好。

(2) R12 是一种中压制冷剂,正常蒸发温度小于 0 ℃,冷凝器压力小于 1.5~2.0 MPa。由于压力不是很高,降低了对冷凝器结构强度的要求。在大气压下 R12 的沸点为 −29.8 ℃,凝固温度为 −158 ℃,能在低温下正常工作。节流后损失小,有较大的制冷系数。

(3) R12 对一般金属没有腐蚀作用,但对镁和镁含量超过 2% 以上的铝合金除外。R12 在 60~70 ℃ 温度时遇氧化铁、氧化铜,可促使其分解。

(4) R12 制冷系统对密封件的特殊要求:①制冷系统的密封件不能使用天然橡胶制品,因为 R12 会导致橡胶变软、膨胀、起泡;②对氯丁乙烯和氯丁橡胶制品的破坏作用较小;③对尼龙和塑料制品的破坏作用不明显。

(5) R12 有良好的绝缘性能,它对制冷系统电器绕组的绝缘性能无影响。

(6) R12 液态时对润滑油的溶解度无限制,可以任何比例溶解,但气态时 R12 对润滑油的溶解度有限,并随压力增高、温度降低而增大。R12 与润滑油的这种互溶特性对制冷系统是有益的,因为 R12 液态时润滑油已溶解在其中并随 R12 一起流动,所以在这段管路中不会积存润滑油;在气态管路(特别是蒸发器)中,如果有足够大的气体流速,不会在蒸发器壁上产生油膜而影响传热效率,润滑油也能被带回到压缩机中去。当压缩机曲轴箱中存在互溶的 R12 气体和润滑油时,由于曲轴箱内的压力和温度是变化的,而一定压力和温度下 R12 气体的溶油量是一定的,当曲轴箱内压力突然降低时,因溶解量要减小,于是原来溶解的 R12 就以沸腾形式从油中跑出,从而使曲轴箱中的一部分润滑油被 R12 蒸气带到压缩机气缸和系统中去,对制冷系统的工作带来不利影响。

(7) R12 对水的溶解度很小,而且气态与液态时,对水的溶解度也不同,气态时的溶解度高于液态时的。

在制冷系统中,R12 的含水量不得超过 0.0025%。当有过量的水分随制冷剂运行,在通过膨胀阀时,低温、低压下水分中的热量被吸收会形成冰塞,堵塞制冷系统的循环通道,从而使空调的制冷系统失效。

水与 R12 能产生化学反应,生成盐酸、氢氟酸,对系统有腐蚀作用。水与制冷系统中的酸、氧发生反应,会在压缩机的机件表面(压缩机的轴套、系统管路)生成三氧化二铁和二氧化铜,这些物质的形成,反过来又分解 R12,使制冷系统的效率下降。水的侵入是系统开始被腐蚀的信号。

水还能与系统中的酸、氧化物和其他杂质反应,形成金属盐,随着制冷剂和润滑油一起循环,加大运动机件的磨损及破坏电器的绝缘性能。

水能使冷冻机油老化。冷冻机油在氧的作用下,会生成一种油酸性质的絮状酸性物质,腐蚀金属表面,降低润滑效能。

水与 R12 作用还能生成二氧化碳气体。这种气体在冷凝器中冷却后并不液化,成为一种不凝性气体,引起压缩机排气压力增高,制冷功耗增大,制冷效果下降。

虽然在制冷系统中为了防止水分的侵入而影响制冷循环的正常运行而设有干燥器(干燥罐),但是干燥器的吸水功能极其有限(只能吸收约半滴水),对于含量大于 0.0025% 的水分是无能为力的。

在制冷系统中水的存在是有百害而无一利的,必须采取严格的防水措施,才能保证系统正常工作。防水措施主要有三个方面:①使用高纯度的制冷剂;②在装配或维修制冷系统后,一定要严格地抽真空;③选用含水量小于 0.002% 的冷冻机油,而且要防止加注冷冻机油时侵入水分。

综上可以看出,R12 是一种易于制造、原料来源丰富、价格相对低廉且可以回收重复使用的制冷剂,只是它对大气同温层的臭氧层有很强的破坏作用,因此,目前已经被新的制冷剂替代。

3. R134a 制冷剂的特性

长期以来,汽车空调系统大多采用 R12 作为制冷剂。众所周知,R12 因泄漏而进入大气会破坏地球的臭氧保护层,危害人类的健康和生存环境,引起地球的温室效应。统计资料表明,大气层中 ClFC 物质(即含 Cl、F、C 三种元素的物质)的 75% 来自汽车空调系统泄漏的 R12,这不能不引起人类的广泛关注。1987 年,国际上制定了控制破坏大气层的《关于消耗臭氧层物质的蒙特利尔议定书》,我国于 1991 年加入该协议,并决定从 1996 年起,汽车空调的制冷剂开始使用 R134a,到 2000 年全部使用 R134a。因此,作为汽车维修人员,必须掌握使用新型制冷剂的空调系统的使用和维修特点。

R134a 制冷剂的分子式为 CH_2FCF_3,是卤代烃类制冷剂的一种。R134a 制冷剂与 R12 制冷剂的热力学性能比较如表 2-1 所示。

表 2-1　R134a 制冷剂与 R12 制冷剂的热力学性能比较

比较项目	R134a	R12
分子式	CH_2FCF_3	CCl_2F_2
分子量	102.031	120.92
沸点/℃	−26.18	−29.80
临界温度/℃	101.14	111.8
临界压力/MPa	4.065	4.125
临界密度/(kg/m^3)	1206	1311
0 ℃时的饱和蒸气压/kPa	293.14	308.57

续表

比较项目	R134a	R12
0 ℃时的汽化潜热/(kJ/kg)	197.89	154.87
60 ℃时的饱和蒸气压/kPa	1680.47	1518.17
ODP值(臭氧破坏潜能值)	0	1.0
GWP值(全球变暖潜能值)	0.11	1.0
与矿物冷冻机油的相溶性	不溶	溶
溶态热导率	大	小

从表2-1中可以看出R134a有如下主要特性。

(1) R134a的热力学性能,包括分子量、沸点、临界参数、饱和蒸气压和汽化潜热等,均与R12相近,具有无色、无臭、不燃烧、不爆炸、基本无毒的特性。

(2) R134a制冷剂的传热性能优于R12,当冷凝温度为40～60 ℃、质量流量为45～200 kg/s时,R134a的蒸发和冷凝传热系数比R12高出25%以上。因此,在热交换器表面积不变的条件下,可降低传热温差,减少传热损失;当制冷量或放热量相等时,可减小热交换器的表面积。

(3) 用R134a替代R12后,原有的压缩机润滑油必须更换,这是因为R134a本身与矿物油是不相溶的,必须使用合成润滑油来取代,如PAG类润滑油等;否则,系统将会损坏。

(4) 分子直径比R12略小,易通过橡胶向外泄漏,也较易被分子筛吸收。

(5) R134a的吸水性和水溶解性高。

4. 使用制冷剂的注意事项

(1) 装制冷剂的钢瓶,应贮存在阴凉、干燥、通风的库房中,防止受潮而腐蚀钢瓶,在运输过程中要严防振动和撞击。

(2) 要远离热源,不要把制冷剂存放在日光直射的场所或炉子附近。在充灌制冷剂时,对装制冷剂的容器加热,应在40 ℃以下的温水中进行,而不可将其直接放在火上烘烤。否则,会引起容器内的制冷剂压力增大,导致容器发生爆炸。

(3) 避免接触皮肤。因制冷剂在大气环境下会急剧蒸发,当其液体落到皮肤上时,会从皮肤上大量吸热而汽化,造成局部冻伤。尤其危险的是,当其进入眼球时,会冻结眼球中的水分,有可能造成失明等重大事故。因此,在处理制冷剂时,应戴上防护眼镜和手套。若制冷剂触及眼睛,应尽快用冷水冲洗,不要用手或手帕揉眼,如有痛感,可用稀硼酸溶液或2%以下的食盐水冲洗;如触及皮肤,应立即用大量清水冲洗,并马上涂敷凡士林,面积大时应立即到医院治疗。

(4) 要避开明火。制冷剂不会燃烧和爆炸,但与明火接触时,会分解出对人体有害的气体(光气)。

(5) 要注意通风良好。当制冷剂排到大气中的含量超过一定值时,会使大气中的氧气浓度下降,而使人窒息。因此,在检查和添加制冷剂或打开制冷系统管路时,要在通风良好的地方进行操作。

(二) 冷冻机油

1. 冷冻机油的作用和特性

冷冻机油是制冷压缩机的专用润滑油,它能保证压缩机正常运转、可靠工作和延长压缩机的使用寿命。冷冻机油在空调制冷系统中的作用如下。

(1) 润滑作用。压缩机是高速运动的机器,轴承、活塞、活塞环、曲轴、连杆等机件表面需要润滑,以减小阻力和磨损,延长使用寿命,降低功耗,提高制冷系数。

(2) 密封作用。汽车使用的压缩机传动轴需要油封来密封,以防止制冷剂泄漏。有润滑油,油封才能起密封作用。同时,活塞环上的润滑油,不仅起减摩作用,而且起密封压缩机蒸气的作用。

(3) 冷却作用。运动的摩擦表面会产生高温,需要用冷冻机油来冷却。冷冻机油冷却不足,会引起压缩机过热,排气压力过高,降低制冷系数,甚至烧坏压缩机。

(4) 降低压缩机噪声。

2. 对冷冻机油的性能要求

冷冻机油在空调制冷系统中完全溶于制冷剂,并随制冷剂一起在制冷系统中循环。因此,冷冻机油的温度有时会超过 120 ℃,而制冷剂的蒸发温度为 $-30 \sim +10$ ℃,使冷冻机油工作在高温与低温交替的条件下。为保证制冷系统的工作正常,对冷冻机油提出以下性能要求。

(1) 冷冻机油的凝固点要低,在低温下要具有良好的流动性。若低温流动性差,则冷冻机油会沉积在蒸发器内,影响制冷能力,或凝结在压缩机底部,失去润滑作用而损坏运动部件。

(2) 冷冻机油应具有一定的黏度,且受温度的影响要小。温度升高或降低时,其黏度随之变小或增大。与冷冻机油完全互溶的制冷剂会使冷冻机油变稀,因此应选用黏度较高的冷冻机油;但黏度也不宜过高,否则,需要的启动转矩增大,压缩机启动困难。所以,冷冻机油的黏度要选择适当。

(3) 冷冻机油与制冷剂的溶解性能要好。在汽车空调制冷系统中,制冷剂与润滑油是混合在一起的。当制冷剂流动时,润滑油也随之流动,这就要求制冷剂与润滑油能够互溶。若二者互不相溶,润滑油就会聚集在冷凝器和蒸发器的底部,阻碍制冷剂流动,降低换热能力。由于润滑油不能随制冷剂返回压缩机,压缩机将会因缺油而加剧磨损。

(4) 冷冻机油应具有较高的热稳定性,即在高温下不氧化、不分解、不结胶、不积炭。

(5) 冷冻机油应无水分。若润滑油中的水分过多,则会在膨胀阀节流口处结冰,造成冰堵,影响系统制冷剂的流动。同时,油中的水分会使冷冻机油变质分解,腐蚀压缩机。

3. 使用冷冻机油的注意事项

(1) 必须严格使用原车空调压缩机所规定牌号的冷冻机油,或换用具有同等性能的冷冻机油,不得使用其他油来代替,否则,会损坏压缩机。

(2) 冷冻机油吸收潮气的能力极强,所以在加注或更换冷冻机油时,操作必须迅速,如没有准备好,不能立刻加注时,不得打开油罐,在加注完后应立即将油罐的盖子封紧,不得有渗透现象。

(3) 不能使用变质的冷冻机油。冷冻机油变质的原因是多方面的,归纳起来有如下几个方面:①混入水分后,在氧气的作用下会生成一种油酸性质的物质,腐蚀金属零部件,这种油酸物质呈絮状;②高温氧化,当压缩温度过高时,油被氧化分解而炭化变黑;③不同牌号的油混合使用时,由于不同牌号的冷冻机油所加的氧化剂不同而产生化学反应,引起冷冻机油变质。

(4)冷冻机油是不制冷的,还会妨碍热交换器的换热效果,所以,只允许加到规定的用量,绝不允许过量使用,以免降低制冷量。

(5)在排放制冷剂时要缓缓进行,以免冷冻机油和制冷剂一起喷出。

【专业知识拓展】

一、汽车空调制冷系统维修工具的正确使用

(一)歧管压力计

1. 结构与工作原理

歧管压力计也称为压力表组,是维修汽车空调制冷系统必不可少的重要工具,它与制冷系统相接可进行抽真空、加注制冷剂等操作,主要用于检查和诊断制冷系统的工作状态和故障情况。

歧管压力计由高压表和低压表两个压力表组成,其上有三个接头,分别与三根橡胶软管相接,分别完成制冷系统抽真空、加注制冷剂等操作。高压表用于检测制冷系统高压侧的压力,低压表用于检测低压侧的压力。低压表既可用来显示压力,也可用来显示真空度,真空度的读数范围为 0~0.101 kPa。低压表的压力刻度从 0 开始,量程不小于 0.42 MPa;高压表测量的压力范围从 0 开始,量程不小于 2.110 MPa。

歧管压力计如图 2-8 所示,由高压表、低压表、高压手动阀、低压手动阀、阀体以及三个软管接头等组成。

歧管压力计的压力表采用弹簧式压力表,如图 2-9 所示。

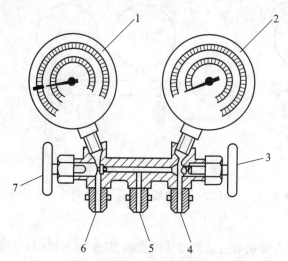

图 2-8 歧管压力计

1—低压表(蓝色);2—高压表(红色);3—高压手动阀;4—高压侧接头(红色);
5—维修用中间接头(绿色);6—低压侧接头(蓝色);7—低压手动阀

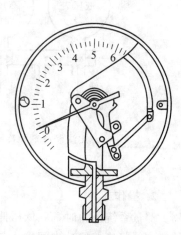

图 2-9 弹簧式压力表

当具有一定压力的被测工质从接头进入弹簧管时,由于弹簧管内外压力差的作用,弹簧

管膨胀变形,通过拉杆使扇形齿轮转过一个角度,从而带动小齿轮和指针也转过一个角度,指针所指的读数便是所测的压力。如果被测工质的压力低于大气压力,弹簧管收缩变形,压力表所示读数便是真空度。

歧管压力计具有以下四种功能。

(1) 检测制冷系统高压侧、低压侧的压力,如图 2-10(a)所示。若高压手动阀和低压手动阀同时关闭,则可对高压侧和低压侧进行压力检测。

(2) 对制冷系统抽真空,如图 2-10(b)所示。当高压手动阀和低压手动阀同时打开时,所有管路接通,在中间接头接上真空泵,便可以对系统进行抽真空。

(3) 加注制冷剂和冷冻机油,如图 2-10(c)所示。当高压手动阀关闭、低压手动阀打开时,将中间接头接到制冷剂钢瓶上或冷冻机油瓶上,即可向系统充注制冷剂或冷冻机油。

(4) 排出制冷剂,如图 2-10(d)所示。当低压手动阀关闭、高压手动阀打开时,即可使系统排出制冷剂。

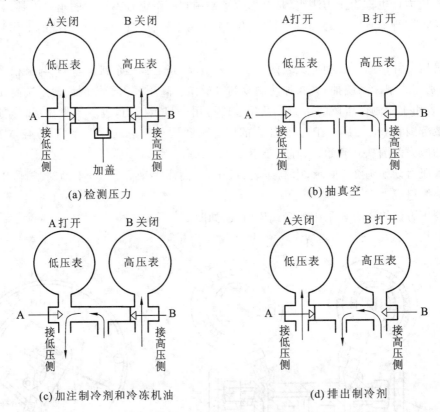

图 2-10 歧管压力计的功能

2. 操作

测量系统压力时,高、低压侧接头分别通过软管与压缩机高、低压阀相接(与空调实验台的相应阀门连接好),中间接头与真空泵或制冷剂钢瓶相接。其具体操作步骤如下。

(1) 低压手动阀开启、高压手动阀关闭,低压侧管路与中间管路、低压表相通,这时可从低压侧加注制冷剂或排出制冷剂,同时检测高、低压侧的压力。

(2) 低压手动阀关闭、高压手动阀开启,高压侧管路与中间管路、高压表相通,这时可从高压侧加注制冷剂,同时检测高、低压侧的压力。

(3) 低压手动阀、高压手动阀均关闭,检测高、低压侧的压力。

(4) 低压手动阀、高压手动阀均开启,可加注制冷剂、抽真空,并进行高、低压侧压力的检测。

3. 使用注意事项

(1) 压力表软管与接头连接时只能用手拧紧,不准用工具拧紧。

(2) 不用时软管要与接头连起来,防止灰尘、水或杂物进入管内。

(3) 使用时要把管内的空气排空。

(4) 歧管压力计是一种精密仪表,应当细心维护,保持仪表及软管接头的清洁。

(5) 对于使用不同制冷剂的系统,应选择专用的歧管压力计。

(二)检漏设备

1. 结构与工作原理

检漏设备用于检查空调系统内的制冷剂是否泄漏。制冷剂是一种十分容易蒸发的物质,在常态下,其沸点为-29.8 ℃,因此要求整个制冷系统密封性良好,否则制冷剂就会泄漏,影响制冷效率,故需要经常检查制冷系统有无泄漏。当拆装或检修汽车空调制冷系统管道、更换零部件之后,都需在拆装及检修部位进行泄漏检查。

汽车空调系统泄漏通常有两种情况:冷泄漏和热泄漏。冷泄漏是指系统并非处在其运行的温度和压力下发生的泄漏,如夜间停放时发生的泄漏。热泄漏发生在高压部分,如汽车在空调系统运行时发生的泄漏。

检漏设备包括卤素检漏仪、荧光检漏仪、电子检漏仪、氦质谱检漏仪、超声波检漏仪等。其中,卤素检漏仪只能用于R12、R22等卤素制冷剂的检漏,对R134a、R123等不含氯离子的新型制冷剂无效。电子检漏仪对常用制冷剂也存在适用性的问题,使用时要注意。

1) 氟利昂电子检漏仪

图2-11所示为氟利昂电子检漏仪的工作原理。氟利昂电子检漏仪由一对电极组成,阳极由白金做成,白金被加热器加热,并带正电。在阳极附近放一阴极,使它带负电。若放在空气中,就会有阳离子射到阴极并产生电流。如果有氟利昂气体流过,回路中的电流就会明显增大,根据此信号即可检测出制冷系统的泄漏情况。

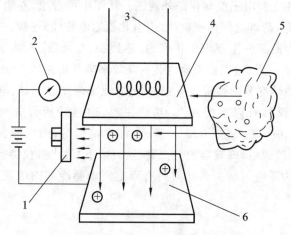

图2-11 氟利昂电子检漏仪的工作原理

1—吸气微型风扇;2—电流计;3—加热器;4—阳极;5—气态制冷剂;6—阴极

图 2-12 所示为氟利昂电子检漏仪的外形及结构,在圆筒状白金阳极设有加热器,并可加热到 800 ℃左右,在阳极外侧装有阴极,在阳极和阴极之间加有 12 V 直流电压,为使气体在电极间流动,设有进气口和小风扇,当有卤素元素的阳离子出现时,就会产生几微安的电流,由直流放大器放大,使电流计指针摆动或使音频振荡器发出不同的声响,以指示系统制冷剂泄漏程度的大小。

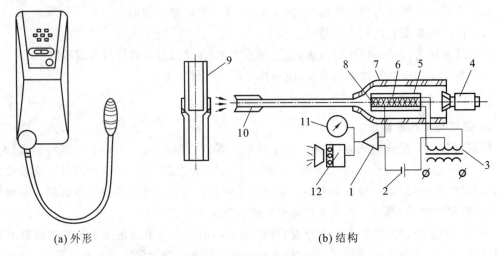

(a) 外形　　(b) 结构

图 2-12　氟利昂电子检漏仪的外形及结构

1—放大器;2—阳极电源;3—变压器;4—风扇;5—阴极;6—阳极;
7—外壳;8—加热器;9—管道;10—吸嘴;11—电流计;12—音频振荡器

2) 5650 型电子检漏仪

一般检测氟利昂(R12)泄漏的氟利昂电子检漏仪不能检测 R134a 的泄漏情况,这就需要使用专门的检漏仪,如 MHM000 型 R134a 电子检漏仪,或使用可检测 R12 和 R134a 的电子检漏仪,如 LHD1000 型、REF00 型、CH-8583 型、5650 型等电子检漏仪。

5650 型制冷剂自动检漏仪是新一代的电子检漏仪,它不仅可以检测 R12 的泄漏,而且可以检测环保制冷剂 R134a 的泄漏。

图 2-13 所示为 5650 型电子检漏仪的外观图。从图中可看出,左边是仪器的探测部分,右边是仪器的主体部分,两者之间用螺旋线(内有几根通电导线)连接。

(1) 探测部分。探测部分主要由保护套、传感器头、复位键、探测手柄等组成。传感器头内装有加热白金阳极及阴极,探测手柄内装有高效率吸气扇。

(2) 主体部分。主体部分的面板设有选择开关、泄漏强度显示灯、电源显示灯等。

5650 型电子检漏仪具有以下特点:①功能完善,通过转换开关可以检测 CFC(R12、R11……)、HCFC(R22……)、HFC(R134a)等;②能自动标定,当仪器置于已被制冷剂污染的空气中使用时,开关接通后,蜂鸣器便会报警,这时按下复位键,仪器便以当时空气中制冷剂的浓度标定作基准为零进行检测。此时只有当空气中制冷剂的浓度高于标定的浓度时,仪器才能显示数值。

2. 操作

各种电子检漏仪的操作方法不完全相同,一般操作方法如下。

(1) 将电子检漏仪的电源开关接上,预热 10 min 左右。

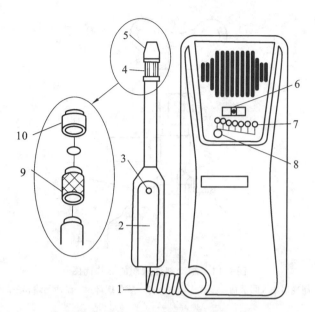

图 2-13 5650 型电子检漏仪的外观图
1—螺旋线；2—探测手柄；3—复位键；4、9—传感器头；5、10—保护套；
6—选择开关；7—泄漏强度显示灯；8—电源显示灯

(2) 将开关拨至校核挡,确认指示灯和报警器正常。

(3) 将仪器调到所要求的灵敏度范围。

(4) 将开关拨至检测挡,将探头放至检测部位,如果泄漏量超过灵敏度范围,则报警器会发出声响,指示灯也会闪烁报警。

一旦查出泄漏部位,探头会立即离开此部位,以免缩短仪器寿命及影响灵敏度。如果制冷系统有大量泄漏或刚经过维修,周围空间有大量制冷剂气体,则应先吹净周围有制冷剂的空气,然后再进行检测,否则会影响检测的正确性,无法测出泄漏部位。

3. 使用电子检漏仪的注意事项

(1) 根据制冷系统的制冷剂种类,选择合适类型的电子检漏仪及开关的挡位。

(2) 由于制冷剂比空气的密度大,电子检漏仪在检漏时,吸管口应对准有可能泄漏的部位的下方。

(3) 探头不要接触污物,否则容易损坏,损坏后应及时更换,否则会影响检测精度。

(三) 制冷剂注入阀与检修阀

1. 制冷剂注入阀

为便于维修汽车空调和方便随车携带,制冷剂生产厂家制造了一种小罐制冷剂(一般为 400 g 左右),但要将它注入汽车空调制冷系统中去需要有制冷剂注入阀才能配套开罐。

当向制冷系统充注制冷剂时,可将制冷剂注入阀装在制冷剂罐上,旋动制冷剂注入阀手柄,阀针刺穿密封塞,即可充注制冷剂。图 2-14 所示为制冷剂注入阀的结构简图,制冷剂罐内装有制冷剂,接头用软管与歧管压力计的中间接头相连,其具体使用方法如下。

(1) 按逆时针方向旋转制冷剂注入阀手柄,直到阀针退回为止。

(2) 将制冷剂注入阀装到制冷剂罐上,沿逆时针方向旋转板状螺母直到最高位置,然后将制冷剂注入阀沿顺时针方向拧动,直到注入阀嵌入制冷剂密封塞。

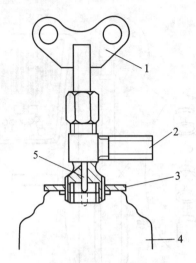

图 2-14 制冷剂注入阀的结构简图
1—制冷剂注入阀手柄；2—注入阀接头；3—板状螺母；4—制冷剂罐；5—阀针

(3) 将板状螺母按顺时针方向旋转到底，再将歧管压力计上的中间软管固定到注入阀的接头上。

(4) 拧紧板状螺母。

(5) 按顺时针方向旋转手柄，使阀针刺穿密封塞。

(6) 若要充注制冷剂，则逆时针方向旋转手柄，使阀针抬起，同时打开歧管压力计上的手动阀。

(7) 若要停止加注制冷剂，则顺时针方向旋转手柄，使阀针再次进入密封塞，起到密封作用，同时关闭歧管压力计上的手动阀。

2. 检修阀

检修阀是一个三通阀，利用它可以进行汽车空调系统抽真空、检测系统压力以及加注制冷剂等操作，其结构简图如图 2-15 所示。阀上有四个通道接口，分别接压力表、旁路电磁阀、制冷系统管道、压缩机。

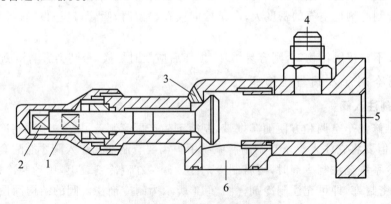

图 2-15 检修阀的结构简图
1—阀帽；2—阀杆；3—压力表接口；4—旁路电磁阀接口；
5—制冷系统管道接口；6—压缩机接口

无论高、低压检修阀均有三个位置,即后座位置、中间位置和前座位置。图 2-16 所示为检修阀的工作位置,可利用棘轮扳手转动阀杆使该阀处于三种位置中的任何一种位置。

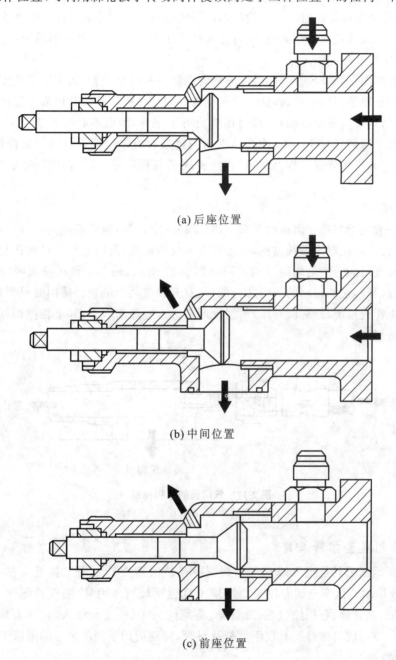

(a) 后座位置

(b) 中间位置

(c) 前座位置

图 2-16 检修阀的工作位置

1) 后座位置

后座位置又叫正常位置,如图 2-16(a)所示,逆时针方向旋转阀杆至极限位置,阀便处于后座位置,此时制冷剂可进、出压缩机,但到不了压力表。制冷系统正常工作时,压缩机上的两个检修阀处于此位置。

2）中间位置

中间位置如图2-16(b)所示，歧管压力计、压缩机、制冷剂管道全部连通。这个位置可以加注制冷剂、抽真空或用歧管压力计检测制冷系统的压力。制冷剂可在整个系统内流通，压缩机内的制冷剂既可进入管路系统，又可进入歧管压力计入口，以便检测系统压力。

3）前座位置

前座位置如图2-16(c)所示，顺时针方向转动阀杆至极限位置，阀便处于前座位置，此时系统内制冷剂不能流到压缩机，阀处于关闭位置。而压缩机与系统其他部分隔绝，若松开检修阀的固定螺钉，可以更换压缩机，或将压缩机拆下来修理，而不必打开整个制冷系统。但从压缩机上卸下检修阀时要小心，因为压缩机内还残存有制冷剂，因此，拆卸检修阀时速度要慢，并遵守有关操作规程。检修结束后，应将阀恢复到后座位置，否则压缩机将封闭工作而损坏。

3. 气门阀

气门阀一般用于非独立驱动的汽车空调（如轿车空调等）制冷系统的维修。在轿车空调制冷系统中，为了简化制冷系统结构，压缩机上不设检修阀，而用维修接口来代替，每个维修接口上都装有气门阀。气门阀的结构简图如图2-17所示，轿车空调压缩机吸、排气管接头都采用这种气门阀，它和轮胎的气门芯相似，只有开和关两个位置。使用时只要把检测用软管接头拧在工作阀口上，阀芯就被压开，制冷剂就进入检测用软管；卸下检测用软管时，则自动关闭系统接口。

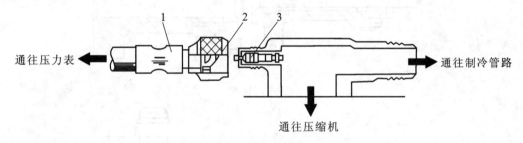

图 2-17　气门阀的结构简图
1—检测用软管；2—顶阀杆；3—气门阀

（四）专用成套维修工具

专用成套维修工具是把维修汽车空调制冷系统时需要的专用工具组装在一个工具箱内，如图2-18所示。汽车空调专用成套维修工具包括歧管压力计、漏气检测仪、真空泵、制冷剂管固定架、割管器、备用储气瓶、涨管器、检测阀扳手、制冷剂注入阀、注入软管衬垫、检修阀衬垫等。专用成套维修工具便于携带及保管，特别适用于制冷系统的维修工作。

1. 割管器

割管器是切割制冷剂管（铜管或钢管）的工具，如图2-19所示。

割管器一般可切割直径为3～25 mm的铜管，切割时将管子放在两个滚轮中间，旋转转柄时刀刃碰到管壁。用一只手捏紧管子，另一只手转动转柄，使割刀绕管子旋转。每转一圈，顺旋转柄进刀1/4圈，边转边进刀，直到管子被割断。进刀量不能过深，刀口垂直于铜管，不要歪扭和侧向扭动，以免压扁管子或管口内凹，刀口边缘崩裂。切割铜管之后，一定要用刀片除去管端的毛刺，避免切屑进入管内。

2. 涨管器

制冷剂管采用螺纹接头时，为确保连接处的密封性，需将管口扩大成喇叭口形状。图 2-20 所示为铜管涨管器，其使用方法如下。

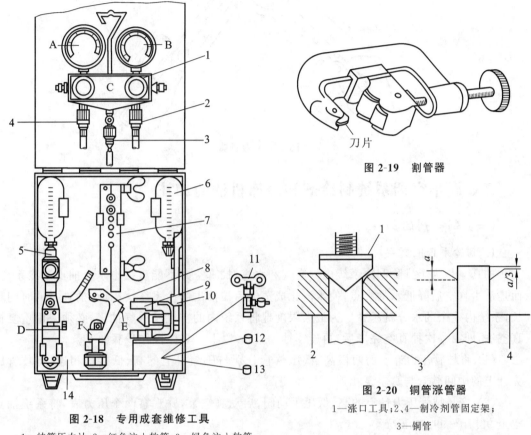

图 2-19　割管器

图 2-18　专用成套维修工具

1—歧管压力计；2—红色注入软管；3—绿色注入软管；
4—蓝色注入软管；5—漏气检测仪；6—备用储气瓶；
7—制冷剂管固定架；8—割管器；9—涨管器；10—检修阀扳手；
11—制冷剂注入阀；12—注入软管衬垫；13—检修阀衬垫；14—工具箱；
A—低压表；B—高压表；C—压力表座；D—反应板；E—铰刀；F—刀片

图 2-20　铜管涨管器
1—涨口工具；2、4—制冷剂管固定架；
3—铜管

(1) 将已退火的铜管端部从固定架管孔中稍微向上露出距工具平面以上 1/3 的距离。

(2) 在锥形涨口工具的顶尖上涂少许冷冻机油。

(3) 把锥形涨口工具插入管孔内，其拉脚卡在涨口夹板内。

(4) 慢慢旋动螺杆使管端部扩大成喇叭口形状。

涨好后的喇叭口不应有裂纹和麻点，以防密封不严，不合格的喇叭口，一般是由以下情况造成的，应予避免。

(1) 管口伸出工具平面过高。

(2) 挤压时螺杆旋转过快。

(3) 管子材质太硬，没有退火。

3. 弯管器

对于小管径的铜管，一般用弯管器（见图 2-21）弯曲。不同管径的铜管必须用不同规格的弯管模子进行弯曲,对管径小于 8 mm 的铜管可用弹簧管套入管内弯曲。

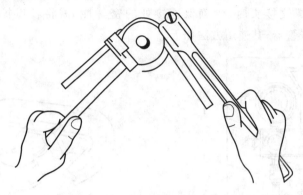

图 2-21 弯管器

二、汽车空调系统制冷剂和冷冻机油的加注

(一)制冷剂的加注

1. 制冷系统抽真空

抽真空是为了排除制冷系统内的空气和水汽,抽真空并不能直接把水分抽出制冷系统,而是产生真空后降低水的沸点,使水汽化成蒸气后被抽出制冷系统。因此,抽真空的时间越长,系统内残余的水分就越少。为最大限度地将系统内的空气及湿气抽出,必须采用重复抽真空法,即第一次抽真空完毕后,再连续抽 30 min 以上。具体操作步骤如下。

(1)将歧管压力计上的两根高、低压软管分别与压缩机上的高、低接口相连,将歧管压力计上的中间软管与真空泵相连。

(2)打开歧管压力计上的高、低压手动阀,启动真空泵,并观察两个压力表,将系统抽真空至 98.70~99.99 kPa。

(3)关闭歧管压力计上的高、低压手动阀,观察压力表指示压力是否回升。若回升,则表示系统泄漏,此时应进行检漏和修补。若压力表指针保持不动,则打开高、低压手动阀,启动真空泵继续抽真空 15~30 min,使真空压力表指针稳定。

(4)关闭歧管压力计上的高、低压手动阀。

(5)关闭真空泵。先关闭高、低压手动阀,然后关闭真空泵,是为了防止空气进入制冷系统。

2. 充注制冷剂

当制冷系统抽真空达到要求,且经检漏确定制冷系统不存在泄漏部位后,即可向制冷系统充注制冷剂。充注前,先确定充注制冷剂的数量,充注数量过多或过少,都会影响空调的制冷效果。压缩机的铭牌上通常都标有所用的制冷剂的种类及充注量。充注制冷剂时可采用高压侧充注或低压侧充注。

1)高压侧充注制冷剂

从压缩机排气阀(高压阀)的旁通孔(多用通道)充注,充入的是制冷剂液体,特点是安全、快速,适用于制冷系统的第一次充注,经检漏、抽真空后的系统充注。但用该方法时必须注意,充注时不可开启压缩机(发动机停转),且制冷剂罐要倒立。具体操作步骤如下。

(1) 当系统抽真空后,关闭歧管压力计上的高、低压手动阀。

(2) 将中间软管的一端与制冷剂注入阀的接头连接,打开制冷剂罐开启阀,再拧开歧管压力计软管一端的螺母,让气体溢出几分钟,然后拧紧螺母。

(3) 拧开高压手动阀至全开位置,将制冷剂罐倒立。

(4) 从高压侧注入规定量的液态制冷剂。关闭制冷剂注入阀及歧管压力计上的高压手动阀,然后卸下仪表。从高压侧向系统充注制冷剂时,发动机处于非工作状态(压缩机停转),不要拧开歧管压力计上的低压手动阀,以防产生液击。

2) 低压侧充注制冷剂

从压缩机吸气阀(低压阀)的旁通孔(多用通道)充注,充入的是制冷剂气体,特点是充注速度慢,可在系统补充制冷剂的情况下使用。具体操作步骤如下。

(1) 将歧管压力计与压缩机和制冷剂罐连接好。

(2) 打开制冷剂罐,拧松中间注入软管在歧管压力计上的螺母,直到听见有制冷剂蒸气流动声,再拧紧螺母,从而排出注入软管中的空气。

(3) 打开低压手动阀,让制冷剂进入制冷系统。当系统压力达到 0.4 MPa 时,关闭低压手动阀。

(4) 启动发动机,接通空调开关,并将鼓风机开关和温控开关都调至最大。

(5) 打开歧管压力计上的低压手动阀,让制冷剂继续进入制冷系统,直至充注剂量达到规定值。

(6) 向系统中充注规定量的制冷剂后,观察视液窗,确认系统内无气泡、无过量制冷剂。随后将发动机转速调至 2000 r/min,将鼓风机开到最高挡,若气温为 30~35 ℃,则系统内低压侧压力应为 0.147~0.192 MPa,高压侧压力应为 1.37~1.67 MPa。

(7) 充注完毕后,关闭歧管压力计上的低压手动阀,关闭装在制冷剂罐上的注入阀,使发动机停止运转,从压缩机上卸下歧管压力计,动作要迅速,以免过多的制冷剂泄漏。

(二) 冷冻机油的加注

1. 冷冻机油的加注方法

添加冷冻机油一般可在系统抽真空之后进行,添加方法有如下两种。

1) 直接添加

将冷冻机油装入干净的量瓶内,从压缩机的旋塞口直接倒入即可,这种方法适合于更换蒸发器、冷凝器和储液干燥器时采用。

2) 真空吸入法

(1) 首先将系统抽真空到 100 kPa。

(2) 准备一个带刻度的量杯并装入稍多于所需添加量的冷冻机油。

(3) 关闭高压手动阀和辅助阀门,将高压软管一端从歧管压力计上卸下,并插入量杯中。

(4) 打开辅助阀门,油从量杯内被吸入系统。

(5) 当油面到达规定刻度时,立即关闭辅助阀门。

(6) 将软管与歧管压力计连接,打开高压手动阀,启动真空泵,先对高压软管抽真空,然后打开辅助阀门对系统抽真空。

2. 冷冻机油的加注量

1) 系统新加油量

新装汽车空调系统中,只有压缩机内装有冷冻机油,油量一般为 280~350 g。不同型号的压缩机内充油量不同,具体可查看供应商手册。

2) 补充油量

维修过程中,如果更换了系统部件或管路,由于这些部件中残存有冷冻机油,因此更换的同时应当向系统内补充冷冻机油。如果更换压缩机,新压缩机内的原有油量应减去上述部件残存油量上限之和。

【案例分析】

利用凌志 LS400 轿车空调制冷系统因为泄漏而产生完全不制冷故障来讲解制冷剂的加注操作过程。

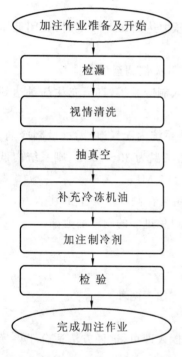

图 2-22 制冷剂加注作业流程

1. 制冷剂加注作业流程

制冷剂加注作业流程如图 2-22 所示。

2. 制冷剂检测

制冷剂检测在制冷剂回收作业、制冷剂净化作业中实施。

制冷剂检测操作环节如下。

(1) 开机,预热。
(2) 海拔高度设定。
(3) 系统标定。
(4) 连接管路,调节压力。
(5) 样品检验。
(6) 结果显示。

制冷剂检测操作要点如下。

(1) 按照界面提示信息进行。
(2) 系统标定。
(3) 压力调节。

检测结果说明如下。

(1) PASS:制冷剂纯度达到 98% 或更高,通过检测,可以回收。
(2) FAIL:R12 或 R134a 的混合物,任何一种的纯度都达不到 98%,混合物太多。
(3) FAIL CONTAMINATED:未知制冷剂,如 R22 或 HC 含量达 4% 或更高,不能显示含量。
(4) NO REFRIGERANT-CHK HOSE CONN:空气含量达到 90% 或更高,没有制冷剂。

制冷剂检测结束后的整理步骤如下。

(1) 提拉快速接头,从低压阀上取下该接头。

(2)拔下仪器电源线。

(3)从仪器上取下采样管,检查采样管有无裂纹。

(4)观察样品过滤器,确定无红斑。

(5)清理仪器外表面。

(6)清理场地。

3. 检漏程序

检漏程序在制冷剂加注作业环节中实施:加注制冷剂之前检漏(系统检漏);加注制冷剂之后检漏(加注阀处检漏);竣工检验期间,在制冷装置工作状态下,用检漏设备检测加注阀处有无泄漏。

各检漏方法详情请查阅设备操作手册。

4. 运用一体机进行加注操作

1)加注机介绍(以AC350C为例)

加注机外形如图2-23所示。

加注机控制面板如图2-24所示。

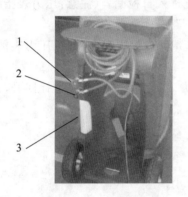

图2-23 加注机外形
1—高压管路;2—低压管路;
3—废冷冻机油排油瓶

图2-24 加注机控制面板
1—注油瓶;2—工作罐压力表;3—压力阀;4—压力表;
5—显示屏;6—电源开关;7—多语言对照表

加注机控制面板的功能键如图2-25所示。

2)AC350C操作流程

AC350C的操作流程如图2-26所示。

3)制冷剂回收作业准备

(1)开机。

(2)显示工作罐质量并将回收前的罐重数值记录在回收数据表中。(注意:工作罐质量不超过罐体标称质量的80%。)

(3)对回收机管路检漏,分别将高、低压软管接头顺时针连接在回收机接口上。(注意:红管为高压管,蓝管为低压管,高压接头比低压接头粗。)

(4)按菜单键,按数字键输入密码"1234",按确认键进入菜单内容,选择"自检漏"菜单,按确认键。

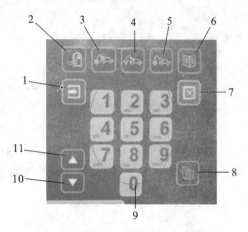

图 2-25 加注机控制面板的功能键

1—开始/确认键；2—排气键；3—回收键；4—抽真空键；
5—充注键；6—菜单键；7—停止/取消键；
8—数据库键；9—数字键；10—下标键；11—上标键

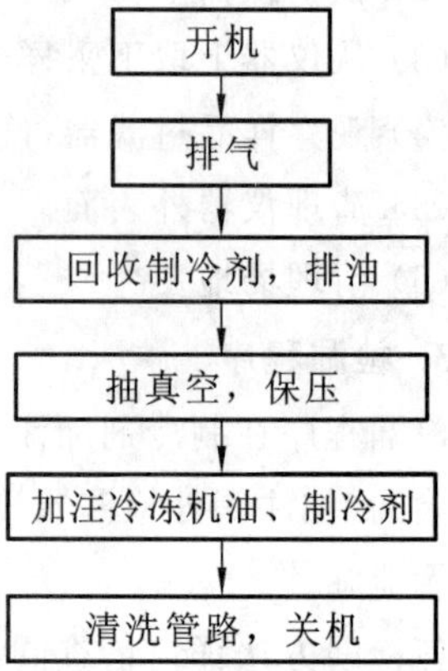

图 2-26 AC350C 的操作流程

（5）根据菜单要求，打开压力阀。按确认键，系统进入自检漏。（注意：压力表指针应指在负压（-90 kPa）下，如不在负压下，说明回收机或管路有泄漏。）

（6）仪器自动进入保压状态。保压过程中，根据界面提示观察高、低压压力表的读数。（注意：指针回升，说明系统有泄漏。）

（7）保压完成后，根据界面提示观察高、低压压力表的读数。（注意：指针回升，说明系统有泄漏。）

（8）启动制冷装置运行 3～5 min。

（9）按数据库键，根据车型，查找数据库。

4）制冷剂回收作业

（1）按回收键，进入回收程序。

（2）选择回收量。根据数据库数值，按数字键，设置回收量。根据提示连接管路。

（3）按菜单要求，进行管路连接，将高、低压快速接头正确地连接至制冷系统的检测接口。（注意：顺时针拧开高、低压开关时，速度应慢一些，防止冷冻机油被制冷剂带出系统。）

（4）打开仪器上的高、低压压力阀。

（5）设备自动启动自我清洁管路功能。

（6）进行制冷剂回收。（注意：在回收过程中，应不断地观察压力表指针，当压力为负压时，说明压缩机在抽真空，应及时按取消键，停止回收，防止损坏回收机中的压缩机。）

（7）回收结束后，显示回收的制冷剂量，仪器准备进行排废油。

（8）显示仪器正在排废油。

（9）排油结束，仪器自动停止。

（10）关闭控制面板上的阀门。

（11）等待一段时间，待废油无气泡后，查看排油瓶废油液面并记录，计算出排出的冷冻机油（废油）量。冷冻机油回收量＝回收后的冷冻机油量－回收前的冷冻机油量。

（12）查看回收后的工作罐重量并记录。制冷剂回收量＝回收后的罐重－回收前的罐重。

5)制冷剂加注作业

(1) 检漏(真空检漏)。

① 按抽真空键,按数字键,选择抽真空时间,按确认键进行抽真空。

② 打开高、低压压力阀,抽真空至系统真空度低于-90 kPa,关闭高、低压压力阀。按取消键,停止抽真空。保持真空度至少 15 min,观察压力表示值变化。如压力未上升,进行微小泄漏量的检测;如压力有回升,则继续抽真空,如累计抽真空时间超过 30 min,压力仍有回升,则可以判定制冷装置有泄漏,应检修制冷装置。

(2) 视情清洗。

对于制冷系统内的制冷剂与车型规定的制冷剂不符或制冷剂掺杂较多杂质的情况,在加注制冷剂前,应对制冷装置内部进行清洗。清洗方式有如下三种。

① 拆卸零部件,用专用清洗剂清洗。

② 用制冷剂清洗(不建议使用)。

③ 用 SPX 专用空调系统清洗机清洗。

(3) 抽真空。

① 抽真空前,检查压力表示值,制冷装置中的压力应低于 70 kPa。如超过该压力,应重新进行回收操作,直到压力达到要求,以保护仪器中的真空泵不因压差太大而损坏。

② 选择抽真空键,按数字键选择抽真空时间。

③ 打开高、低压压力阀,抽真空至系统真空度低于-90 kPa。在真空度达到要求时,应继续进行抽真空操作,持续时间应不少于 15 min,以充分排出制冷装置中的水分。

④ 在抽真空时,仪器同时进行工作罐中制冷剂的净化工作。抽真空时间到后,仪器自动停止抽真空。

⑤ 按确认键,仪器对系统进行泄漏检测。注意:观察高、低压压力表,表针应无回升。

⑥ 检漏结束,准备加注冷冻机油。

(4) 补充冷冻机油。

① 计算补充量。建议补充量为排出量+20 mL。

② 在压缩机的铭牌上查找系统冷冻机油的型号,选择系统要求型号的冷冻机油。

③ 将适量的冷冻机油加入注油瓶内。注意:冷冻机油尽量用小瓶,大瓶的用后应及时密闭,不应长时间将冷冻机油暴露在空气中,以免冷冻机油被空气氧化。

④ 安装注油瓶。注意:必须拧紧,防止空气进入。

⑤ 按确认键进行冷冻机油加注。采用单管加注,关闭低压压力阀(防止冷冻机油进入压缩机),打开高压压力阀。根据界面提示,查看注油瓶的液面位置。

⑥ 在加注过程中,必须一直观察注油瓶内的液面,达到补充量后及时按确认键,暂停加注冷冻机油,确认加注量达到要求后,按取消键结束加注冷冻机油,准备充注制冷剂。

(5) 加注制冷剂。

① 查阅《车辆使用手册》,确认制冷装置中制冷剂的类型及加注量。

② 检查工作罐中的制冷剂质量,当质量不足 3 kg 时,应予以补充。(工作罐内制冷剂的质量达到加注量的 3 倍,即可满足加注要求。)

③ 按确认键,进入制冷剂充注界面。

④ 按数字键,选择制冷剂加注量。

⑤ 根据界面要求,采用单管加注,关闭低压压力阀(防止液态制冷剂进入压缩机),逆时针旋转低压快速接头(防止加注的制冷剂从低压检测口出来),打开高压压力阀。

⑥ 按确认键进行制冷剂充注。

⑦ 加注结束,根据界面提示,逆时针旋转高压快速接头,将加注管与制冷系统断开,准备对管路进行清洁。

⑧ 对管路进行清洁后,按确认键退出。

⑨ 关闭控制面板上的阀门。

⑩ 将高、低压软管从车上取下。

(6) 检验。

① 将车辆停放在阴凉处,将干湿球温度计放置在空调进风口位置。

② 打开车窗、车门。

③ 打开发动机盖。

④ 打开所有空调出风口,调节到全开。

⑤ 设置空调控制器:选择外循环位置,将温度设定为最低值,打开 A/C 开关,将鼓风机转速调到最高挡,若是自动空调,应设为手动。

⑥ 将温度计探头放置在空调出风口内 50 mm 处。

⑦ 启动发动机,将发动机转速控制在 1500~2000 r/min,使压力表指针稳定。

⑧ 待温度计显示数值趋于稳定后,读取压力表和温度计的显示值,将所测得的高、低压侧压力,相对湿度,空调进风温度、出风温度与汽车制造商提供的空调性能参数比较,如压力表、温度计显示的高、低压侧压力或空调进、出风温度不在规定的范围内,应对制冷装置做进一步的诊断和检修。

学习任务 3
汽车空调制冷不足故障检修

◀ **任务要求**

完成本学习任务后,你应该能够:

(1) 正确完成维修接待任务;

(2) 正确描述汽车空调系统主要部件的类型及结构组成;

(3) 正确理解汽车空调制冷系统主要部件的工作原理;

(4) 正确进行汽车空调制冷系统主要部件的拆装与检修;

(5) 正确进行对汽车空调系统的压力检测与分析;

(6) 正确进行汽车空调系统制冷不足故障的检修作业;

(7) 正确完成企业标准验收任务,评价和反馈工作过程,完成任务工单。

【情景导入】

一辆凌志 LS400 轿车行驶总里程数为 6.5 万公里时,打开空调后发现汽车空调制冷效果不佳,制冷不足且情况越来越差。

【背景知识】

现在轿车上都装有汽车空调系统,汽车空调系统一般由压缩机、冷凝器、储液干燥器、膨胀阀、蒸发器、鼓风机等部分组成。车辆通过空调系统的正常工作来调节车内的温度、湿度、空气清新度等,特别是在炎热的夏天,空调制冷系统所带来的清爽舒适的车内环境可以减轻驾驶员的疲劳,为行车安全起到很好的促进作用。但空调在长时间的工作之后往往会出现各种各样的故障,其中空调制冷系统制冷不足的故障现象较为多见。

一、空调制冷系统的主要部件

(一) 压缩机

1. 压缩机的功能

压缩机是汽车空调的核心部件,它负责将低压的气态制冷剂吸入,将其加压为高压的气态制冷剂排出,为制冷剂的循环流动提供动力。制冷剂在发动机舱内由气态变为液态,在这个过程中放出热量;而在车内,制冷剂由液态变为气态,在这个过程中吸收热量,从而降低车内的温度。

可见压缩机的功能是吸入低温、低压的制冷剂蒸气,并将制冷剂蒸气压缩成高温高压蒸气送往冷凝器。压缩机是汽车空调制冷系统内制冷剂循环的"泵",它把热量从吸热部分的蒸发器转送到散热部分的冷凝器里去。

2. 汽车空调对配置制冷压缩机的要求

汽车空调制冷压缩机主要采用容积式压缩机。大部分汽车空调压缩机的动力,来自汽车发动机。因此根据汽车本身的特点,对应用的压缩机提出如下要求。

(1) 汽车低速行驶时,应具有较强的制冷能力;在高速时,有较低的功率消耗。其目的是同时满足汽车空调低速时的舒适性和汽车高速时的动力性要求。

(2) 体积小、重量轻。目的是减轻汽车自重,提高汽车的动力性和经济性。

(3) 经久耐用、耐寒、耐高温、易损零件少。因为汽车是在恶劣环境中运行的机器,且压缩机又靠近发动机,因此有上述要求。

(4) 工作稳定、噪声小。既要求压缩机启动转矩小,不破坏发动机的稳定工况,又要求压缩机本身的振动小,噪声小。

(5) 制造容易、价格低廉。

3. 压缩机的结构形式和类型

目前正式应用在汽车空调上的压缩机有多种,按运动形式和主要零部件形状,压缩机的分类如图 3-1 所示。

1) 曲轴连杆式压缩机

图 3-2 所示为曲轴连杆式压缩机结构示意图,曲轴连杆式压缩机主要由曲轴、活塞、连杆、气缸体、气缸盖、曲轴箱、吸气阀片、排气阀片和阀板等零件构成。该压缩机是立式,机体为箱形。

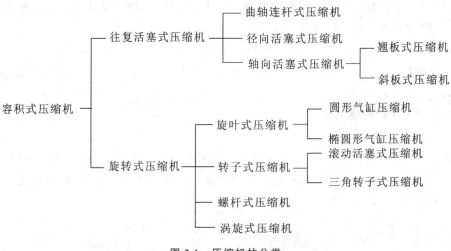

图 3-1 压缩机的分类

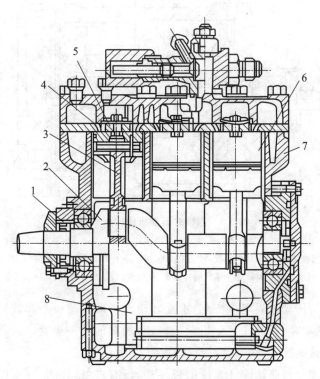

图 3-2 曲轴连杆式压缩机结构示意图

1—轴封；2—曲轴；3—连杆；4—吸气阀片；5—排气阀片；6—活塞；7—气缸体；8—曲轴箱

机体就是压缩机的机身,由气缸体、曲轴箱和气缸盖等部件组成。机体的几何形状复杂、加工面多,在工作时承受较大的流体压力和运动部件的惯性力。氟利昂制冷剂的渗透性极强,故机体必须采用强度高和密封性好的灰铸铁铸造。

小型压缩机的机体一般都采用把气缸体和曲轴箱铸成一体的整体结构,称为气缸体曲轴箱结构。该结构的优点是整个机体的刚度好,工作时变形小,因此压缩机的磨损和耗功有所减少;其次,机体的配合面少,可以改善压缩机的密封性。

大、中型压缩机的气缸工作面不是直接和机体铸造在一起的,而是另配有可单独装卸的气缸套,这样做主要有以下优点。

(1) 气缸套耗材少,可以采用优质材料或表面镀铬,提高气缸面的耐磨性。

(2) 如气缸面磨损到超过允许范围,只要更换气缸套就可以了,既可节省修理费用,又简单省时。

(3) 可以简化气缸体曲轴箱结构,便于铸造。

2) 翘板式压缩机

翘板式压缩机结构示意图如图 3-3 所示。板的摆动和活塞的移动协调而不发生干涉,翘板中心用钢球作支承中心,并用一对固定锥齿轮来限制翘板的运动,使翘板只能沿压缩机轴线方向前后移动,而不能绕轴线转动。

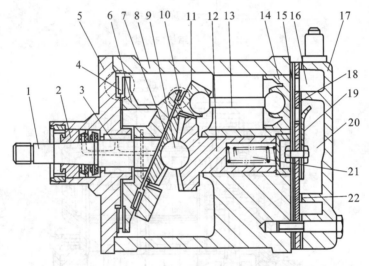

图 3-3 翘板式压缩机结构示意图

1—主轴;2—轴封总成;3—滑动轴承;4—端面滚柱轴承;5—前缸盖;6—传动板;7—锥齿轮;8—缸体;9—钢球;10—翘板滚柱轴承;11—翘板;12—锥齿轮;13—连杆;14—活塞;15—阀板垫;16—吸气腔;17—后盖;18—阀板;19—排气阀片;20—排气腔;21—压紧弹簧;22—后盖缸垫

压缩机的主轴与传动板固定在一起,主轴转动时带动传动板一起旋转。由于传动板是楔形的,迫使翘板翘动,翘板的任何一边向后推动,相对的另一边就向前移动,就像跷跷板。通过钢球与翘板连接的连杆,活塞就进行往复运行。

由于翘板式压缩机与曲轴连杆式压缩机一样,设有进、排气阀片,所以其工作循环也有压缩、排气、膨胀和吸气四个过程。当活塞向前运动时,该气缸处于膨胀、吸气两个过程;而翘板另一端的活塞做相反方向的运动,该气缸处于压缩、排气两个过程。主轴转动一周,一个气缸就要完成压缩、排气、膨胀、吸气一个循环。如果一个翘板上有五个活塞,对应的五个气缸在主轴转动一周时就有五次排气过程。

3) 斜板式压缩机

斜板式压缩机是一种轴向活塞式压缩机,其结构示意图如图 3-4 所示,其工作原理图如图 3-5 所示。斜板式压缩机的主要零部件是主轴和斜板,各气缸以压缩机主轴为中心布置,活塞运动方向与压缩机的主轴平行,以便活塞在气缸体中运动。活塞制成双头活塞,如果是轴向六缸压缩机,则三个气缸在压缩机前部,另外三个气缸在压缩机后部;如果是轴向十缸压缩机,则五个气缸在压缩机前部,另外五个气缸在压缩机后部。

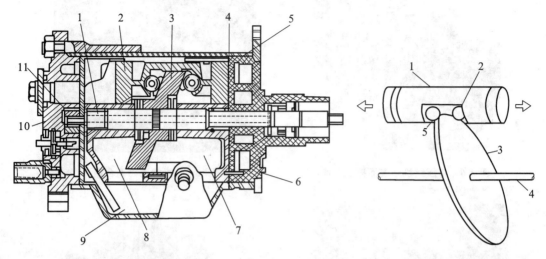

图 3-4 斜板式压缩机结构示意图
1—主轴;2—活塞;3—旋转斜盘;4—吸气阀;5—前排气阀;6—前盖;
7—前缸半部;8—后缸半部;9—油底壳;10—后盖;11—机油泵齿轮

图 3-5 斜板式压缩机工作原理图
1—双头活塞;2、5—钢球;3—斜板;4—主轴

双头活塞的两活塞各自在相对应的缸(一前一后)中滑动,活塞一头在前缸中压缩制冷剂蒸气时,活塞的另一头就在后缸中吸入制冷剂蒸气,反向时互相对调。各缸均备有高、低压气阀,另有一根高压管,用于连接前、后高压腔。斜板与压缩机主轴固定在一起,斜板的边缘安装在活塞中部的槽中,活塞槽与斜板边缘通过钢球轴承支承在一起。当主轴旋转时,斜板也随着旋转,斜板边缘推动活塞做轴向往复运动。如果斜板转动一周,前、后两个活塞各完成压缩、排气、膨胀、吸气一个循环,相当于两个气缸的作用。如果是轴向六缸压缩机,缸体截面上均匀分布三个气缸和三个双头活塞,当主轴旋转一周时,相当于六个气缸的作用。

斜板式压缩机的润滑方式有两种:一种是采用强制润滑,用由主轴驱动的油泵供油到各润滑部位及轴封处,主要用于豪华型轿车或小型客车的制冷量较大的压缩机;另一种是采用飞溅润滑,我国上海永鑫内燃机油泵厂生产的斜板式压缩机即采用飞溅润滑。

4. 压缩机的分解、检查与装复

1) 压缩机的分解

(1) 将压缩机外表面擦洗干净(见图 3-6),压缩机拆装的原则是先外后内,零件拆下后,要分别做好标记。

(2) 在工作台上铺上纸板。

(3) 松开电磁离合器前面的螺母,将电磁离合器总成从压缩机前端轴处卸下(见图 3-7)。

(4) 用内六角匙将压缩机前端五个内六角螺栓均匀松脱(见图 3-8)。

(5) 用木槌轻敲前、后端盖,取下前、后端盖及前、后阀片总成(见图 3-9)。

(6) 用内六角匙松开吸气壳盖和排气壳盖的螺钉,并取下吸、排气壳盖(见图 3-10)。

(7) 用木槌轻敲前、后机体,逐渐露出主轴斜板总成和双向活塞、钢球等,然后用铁丝将活塞组捆绑,再轻敲前、后机体使其与主轴斜板总成分离(见图 3-11)。

图 3-6　将压缩机外表面擦洗干净

图 3-7　拆卸电磁离合器

图 3-8　均匀松脱六角螺栓

图 3-9　卸下前、后端盖及前、后阀片总成

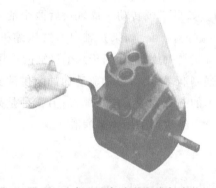

图 3-10　卸下吸气壳盖和排气壳盖

图 3-11　卸下主轴斜板总成和双向活塞

(8) 用铁丝将活塞组捆绑后,在拆除之前,应将各活塞做好记号,将各钢球按记号摆放,以便安装时位置准确。

(9) 最后,将各总成零件分门别类、清洗干净(见图 3-12)。

2) 压缩机的检查

零件分解和清洗干净后,要仔细检查各零件的情况,并做好记录。其中,下列零件应做详细检查:①前、后阀片总成;②活塞及气缸;③轴承;④密封圈;⑤轴封。

3) 压缩机的装复

(1) 将电磁离合器总成、活塞与主轴斜板总成和阀片总成分别组装。

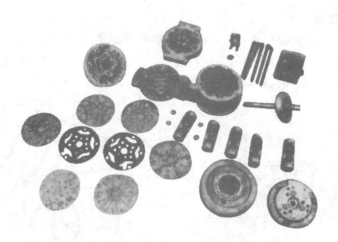

图 3-12 将各总成零件分门别类、清洗干净

(2) 将活塞与主轴斜板总成与前、后机体装复。
(3) 将前、后缸盖及前、后阀片分别安装在前机体和后机体上。(注意:都有定位销。)
(4) 用内六角匙将螺钉进行紧固。
(5) 安装电磁离合器。

(二) 冷凝器

汽车空调制冷系统中的冷凝器是一种由管子与散热片组合起来的热交换器。其作用是将压缩机排出的高温、高压制冷剂蒸气进行冷却,使其凝结为高压制冷剂液体。冷凝器的管、片材料最早是全铜的,现在大部分是全铝的,有少量采用铜管铝片的(主要用于大型客车空调器,美国少数轿车上仍保留铜管铝片形式)。

汽车空调系统冷凝器均采用风冷式结构,其冷凝原理是:让外界空气强制通过冷凝器的散热片,将高温的制冷剂蒸气的热量带走,使之成为液态制冷剂。制冷剂蒸气所放出的热量,被周围空气带走,排到大气中。

汽车空调系统冷凝器的结构形式主要有管片式、管带式和鳍片式三种。冷凝器的结构从管片式向管带式发展,并主要向平行流动式发展。层叠式冷凝器和平行流动式冷凝器的内部结构又在不断发展,以利于进一步提高换热效率和减轻重量,平行流动式冷凝器从单元平行流动式发展成多元平行流动式。由于采取减薄管片厚度,管子内肋片、翅片开切口,改变翅片形状及开口角度等措施,加大了冷凝器翅片散热面积,强化了气侧和液侧的热交换效率。上述发展,使冷凝器尺寸和质量大幅度降低。

目前,我国轿车上主要采用全铝管带式冷凝器和平行流动式冷凝器,大型客车上主要采用铜管铝片式冷凝器,中型客车上几种形式都有,以管带式冷凝器为主。如奥迪A6、宝来、本田、别克、赛欧、帕萨特等车的空调均采用平行流动式冷凝器,桑塔纳轿车采用的管带式冷凝器即将改成层叠式冷凝器。

1. 管片式冷凝器

管片式冷凝器由铜质或铝质圆管套上散热片构成,如图3-13所示。片与管组装后,经胀管处理,使散热片与散热管紧密接触,使之成为冷凝器总成。这种冷凝器结构比较简单、加工方便,但散热效果较差。一般用在大、中型客车的制冷装置上。

2. 管带式冷凝器

管带式冷凝器由多孔扁形盘管与 S 形散热带焊接而成,如图 3-14 所示。管带式冷凝器的散热效果比管片式冷凝器好一些(一般可高 10% 左右),但工艺复杂,焊接难度大且材料要求高。一般用在小型汽车的制冷装置上。

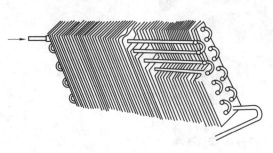

图 3-13 管片式冷凝器

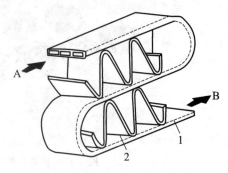

图 3-14 管带式冷凝器

1—盘管;2—散热带;A—气态制冷剂;B—液态制冷剂

3. 鳍片式冷凝器

鳍片式冷凝器是在扁平的多通道表面直接铣出鳍片状散热片,然后装配而成的冷凝器,如图 3-15 所示。由于散热鳍片与管子为一个整体,因而不存在接触热阻,故散热性能好,另外管、片之间无须复杂的焊接工艺,加工性能好、节省材料,而且抗震性也特别好,所以是目前较先进的汽车空调冷凝器。对于轿车,冷凝器一般安装在发动机散热器之前,利用发动机冷却风扇吹来的新鲜空气和行驶中迎面吹来的空气流进行冷却。对于一些大、中型客车和一些小型客车,冷凝器安装在车厢两侧或车厢后侧和车厢的顶部。当冷凝器远离发动机散热器时,在冷凝器旁都必须安装辅助冷却风扇进行强制风冷,加速冷却。

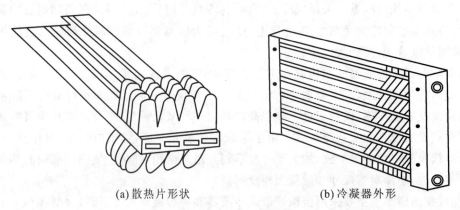

(a) 散热片形状　　　　　　　　(b) 冷凝器外形

图 3-15 鳍片式冷凝器

4. 冷凝器的拆装

1) 冷凝器的拆卸

(1) 拆卸冷凝器之前,应先将车辆电源切断。

(2) 将系统内的制冷剂排出系统外。(要注意回收)

(3) 用两个固定扳手,将进气管和出气管拆下,拆下 O 形密封圈,并迅速用密封纸将封口密封。

(4)拆下支承冷凝器的连接螺栓及螺母,并取下冷凝器。

2)冷凝器的装复

(1)将要更换的新冷凝器用螺钉安装在支架上。在连接冷凝器的管接头时,要注意哪里是进口、哪里是出口。从压缩机出来的高压制冷剂蒸气,必须从冷凝器上端入口进入,再流动到下部管道,冷凝成液态的制冷剂再沿下方出口流出而进入储液干燥器,此顺序绝对不能接反。否则,会引起制冷系统压力升高、冷凝器胀裂的严重事故。未装连接管接头之前,不要长时间打开管口的保护盖,以免潮气进入。

(2)用两个固定扳手,将上、下连接管螺母拧紧,以防漏气,重新安装时,拆下的O形圈不能再使用,应换用新的O形圈。

(三)膨胀阀

膨胀阀也称节流阀,是组成汽车空调制冷装置的重要部件,安装在蒸发器进口处,如图3-16所示,是汽车空调制冷系统的高压与低压的分界点。其功用是把来自储液干燥器的高压液态制冷剂节流减压,调节和控制进入蒸发器中的液态制冷剂量,使之适应制冷负荷的变化,同时可防止压缩机发生液击现象和蒸发器出口蒸气异常过热。

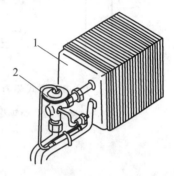

图3-16 膨胀阀及其安装位置
1—蒸发器;2—膨胀阀

在实际工作中,要求进入蒸发器的低温、低压液态制冷剂量不能过多或过少,进入蒸发器的液态制冷剂汽化沸腾后,只要足以吸收车厢内的热量,使车厢内的温度降低到设定温度即可。若进入蒸发器中的制冷剂量过多,则不仅易使液态制冷剂不能完全汽化而进到压缩机气缸内产生液击现象损坏压缩机,而且还会导致蒸发器过度冷却,造成蒸发器表面结霜、挂冰,阻止空气通过蒸发器,使整个制冷系统的制冷能力下降;若进入蒸发器的制冷剂量过少,则液态制冷剂在蒸发器管内流动途中就已蒸发成气体,而在这之后的蒸发器中就没有液态制冷剂可供蒸发,从而使车厢内得不到足够的冷气。而膨胀阀可自动地控制进入蒸发器的制冷剂量,保证制冷系统的正常工作。

1. 热力膨胀阀的工作原理

汽车空调系统用的感温式膨胀阀根据平衡力分为两种,即内平衡式热力膨胀阀和外平衡式热力膨胀阀,其结构示意图如图3-17所示。

现以内平衡式热力膨胀阀为例说明其工作原理。

膨胀阀具有计量、调节和控制三大功能。膨胀阀的计量孔可以释放制冷剂的压力(由针阀控制),使之由高压变为低压,是制冷系统内低压侧的始点。膨胀阀自动调节制冷剂流量的功能是依靠绑在蒸发器出口管子上的感温包来实现的。内平衡式热力膨胀阀工作原理图如图3-18所示。

膨胀阀的开度决定于膜片所处的位置,膜片所处的位置决定于膜片的受力情况。膨胀阀在工作时膜片所受的力有三个:膜片上方受感温包内饱和气体的压力P_f,下方受由蒸发器进口导入的制冷剂压力P_e和过热弹簧的压力P_s。当三个力处于平衡状态,即$P_f = P_e + P_s$时,阀门处于某一开度,制冷剂流量保持一定。不同的温度可以改变作用在膜片上方的压力P_f,改变阀门的开度,从而调节制冷剂流量。当压缩机不转动时,膜片上、下两侧的压力相等,在弹簧作用下阀体将计量孔关闭,以防止制冷剂向压缩机倒流。在压缩机运转后,在制

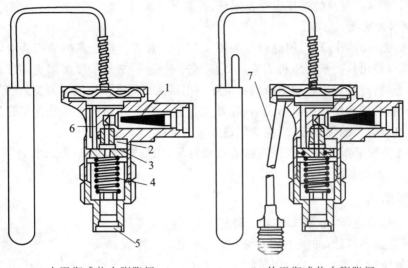

(a) 内平衡式热力膨胀阀　　　　(b) 外平衡式热力膨胀阀

图 3-17　内平衡式热力膨胀阀及外平衡式热力膨胀阀结构示意图

1—滤网；2—孔口；3—阀座；4—弹簧；5—出口；6—内平衡管；7—外平衡管

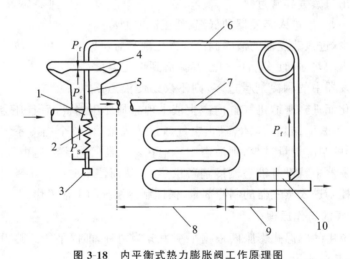

图 3-18　内平衡式热力膨胀阀工作原理图

1—针阀；2—过热弹簧；3—调节螺钉；4—膜片；5—推杆；
6—毛细管；7—蒸发器；8—湿蒸气部分；9—过热蒸气部分；10—感温包

冷剂的压力下，膜片下方的作用力减小，计量孔开启，制冷剂开始循环。当温度变化时，膜片上方的压力 P_f 也随之变化，计量孔开启的程度也就发生相应的变化，从而达到调节制冷剂流量的目的。

但在蒸发器的温度下降到 0 ℃ 以下，吹出的冷风也在 0～4 ℃ 时，恒温器便会自动切断电磁离合器的电磁线圈回路中的电流，压缩机就停止运行，这样便可防止蒸发器发生冻结。结果就会导致蒸发器温度回升，但当蒸发器温度升高到恒温开关设定的温度时，恒温器便会自动接合。电磁离合器的电磁线圈又通电，压缩机又开始运行，蒸发器又进行供冷。内平衡式热力膨胀阀系统便是这样通过内平衡式热力膨胀阀的开度变化和恒温器来控制蒸发器的温度，保证制冷系统的正常工作的。

膨胀阀的过热弹簧,也可以人工调整。当膨胀阀的出液量少,车厢内温度降不下来时,可通过调节螺钉将过热弹簧调软些;相反,则可将过热弹簧调硬些。

由于节流后的压力是通过内平衡孔进入膜片下表面的,这个压力其实不是蒸发器出口的压力,而是节流后的压力,它比蒸发器出口的压力略大。因此相对于外平衡式热力膨胀阀来说,这种阀被称为内平衡式热力膨胀阀。

当汽车空调不工作时,由于感温包的压力增加比蒸发器增加快,故膨胀阀阀芯开始时是打开孔口的。但是,随着时间的推移,蒸发器内温度增加,两者压力平衡,弹簧力使膨胀阀阀口关闭。所以内平衡式热力膨胀阀的阀口,在空调器不工作时,是保持关闭状态的,这样有利于保护压缩机在重新工作时不发生液击现象。

需要说明的是,内平衡式制冷系统是目前应用得最广泛的一种电磁离合器制冷循环控制系统。丰田、尼桑等经济型轿车和由此改装的轻型货车,都是应用这一系统。国内装配的汽车的空调系统和后来装上的空调制冷系统,也都是这一系统。

2. 各类膨胀阀的结构和工作原理

1) F 形热力膨胀阀

F 形热力膨胀阀的工作原理图如图 3-19 所示。感温包和蒸发器出口管接触,蒸发器出口温度降低时,感温包、毛细管和薄膜上腔内的液体体积收缩,膨胀阀阀口将闭合,借以限制制冷剂进入蒸发器。相反,如果蒸发器出口温度升高,膨胀阀阀口将开启,借以增加制冷剂流量。感温包和蒸发器必须紧密接触,完全不能和大气相通。如果接触不良,感温包就不能正确地感应蒸发器出口的温度;如果密封不严,感应的温度是大气温度,所以要用一种特殊的空调胶带捆扎和密封感温包。

2) H 形热力膨胀阀

H 形热力膨胀阀是因其内部通路像字母 H 而得名的,整个阀体固定在蒸发器上。它有四个接口通往汽车空调系统,其中两个接口和标准膨胀阀的一样,一个接储液干燥器出口,一个接蒸发器进口。另外两个接口,一个接蒸发器出口,一个接压缩机进口,如图 3-20 所示。

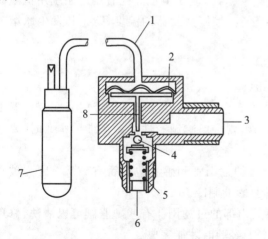

图 3-19 F 形热力膨胀阀的工作原理图
1—毛细管;2—薄膜;3—进口;4—球阀;
5—调整弹簧;6—出口;7—感温包;8—阀杆

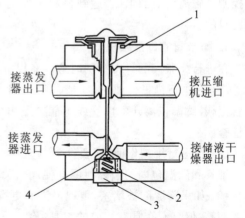

图 3-20 H 形热力膨胀阀的工作原理图
1—感温包;2—弹簧;3—调整螺栓;4—球阀

压缩机首先将制冷剂压缩后送到冷凝器冷却液化,经干燥后再进入 H 形热力膨胀阀,先进行节流减压,然后进入蒸发器蒸发、吸热。制冷剂蒸发成气体后再次进入膨胀阀,从阀中出来后回到压缩机再循环。当蒸发器的温度过低时,恒温器切断电磁离合器的电磁线圈电路,压缩机停止运行。温度升高后,恒温器自动接通电磁离合器电路,压缩机开始运行。由此可见 H 形热力膨胀阀同内平衡式热力膨胀阀一样,能够根据蒸发气体的温度来自动调节供给蒸发器的制冷剂量。

在高压液体进口和出口之间,有一个球阀控制的节流孔,节流孔的开度大小由弹簧和感温包控制。感温包内部的制冷剂直接感受从蒸发器出来的蒸气温度,以控制杆下部球阀的上下运动,并与弹簧一起控制流量的大小。当蒸发器的温度高,则感温包内制冷剂压力增大,克服弹簧压力,球阀开度增大,制冷剂流量增加,制冷量增大。反之亦然。

H 形热力膨胀阀结构紧凑、性能可靠而满足汽车空调的需要,常用于循环电磁离合器系统,循环电磁离合器系统采用恒温器和 H 形热力膨胀阀共同完成制冷系统的循环通断运行。

H 形热力膨胀阀制冷系统目前已为许多著名的汽车采用,如切诺基、奔驰 230E、克莱斯勒汽车等。克莱斯勒汽车公司把低压开关、恒温器一起装在 H 形热力膨胀阀上。

3. 孔管

孔管是固定孔口的节流装置,两端都装有滤网,以防止系统堵塞。和膨胀阀一样,孔管也装在系统高压侧,但是取消了储液干燥器,因为孔管直接连通冷凝器出口和蒸发器进口。孔管的构造很简单,在一根工程塑料管的中间安装了一根节流用的铜管,铜管的内孔孔径为 4 mm,塑料管两端装有金属过滤网。塑料外表面有密封用 O 形橡胶密封圈。孔管一端插进蒸发器,一端插进从冷凝器来的橡胶管。由于孔管没有运动件,所以结构简单,不易损坏,唯有滤网会发生堵塞,这时只需拆下孔管,换上一个新的即可。

孔管不能改变制冷剂流量,液态制冷剂有可能流出蒸发器出口。因此装有孔管的系统,必须同时在蒸发器出口和压缩机进口之间,安装一个集液器,实行气液分离,以防液击压缩机。中、低档汽车的空调系统多采用孔管,其成本低廉且利于节油。孔管制冷系统用恒温器来控制电磁离合器的电路,达到控制压缩机的运行,控制蒸发器的温度,防止其发生冰堵现象的目的。

4. 膨胀阀的日常维护

在进行膨胀阀的日常维护时应注意以下几点。

(1) 在进行维护作业时,要清洁膨胀阀外表面。一般感温包用绝缘带捆紧在蒸发器出口管上,若感温包离开出口管或不能紧贴出口管,则会影响制冷性能。在维护作业时,要重点检查。

(2) 在进行维护作业时,要注意检查膨胀阀的毛细管和感温包是否有破裂。因为破裂后毛细管和感温包内的液体泄漏会使阀门关闭,影响制冷。

(3) 如果膨胀阀被堵塞,可以清洗和更换其内部的过滤网。有些膨胀阀可以清洗、修理或者调整,但只有在具有相应的工具、检测设备及经验时才能完成。

5. 膨胀阀的拆装

1) 膨胀阀的拆卸

(1) 在拆卸膨胀阀前,应将制冷剂从系统内排出并注意回收,将车辆的电源切断,拆除影响拆卸的导线及端子并做好记号。

(2) 拆下包裹感温包的绝缘带,松开感温包,若膨胀阀为外平衡式,应先拆下平衡管路。

(3) 拆下膨胀阀上连接冷凝器的制冷剂液体管,拆卸管接头处的密封O形圈。

(4) 检查膨胀阀内滤网,若堵塞应清洁或更换。

(5) 拆下膨胀阀连接蒸发器的制冷剂气体管,拆卸管接头处的密封O形圈。

(6) 拆下膨胀阀的支承架,从蒸发器处取下膨胀阀。

2) 膨胀阀的装复

(1) 安装膨胀阀的支架,将膨胀阀装上蒸发器。

(2) 在膨胀阀和蒸发器管接头处安装O形圈,连接蒸发器进口到膨胀阀出口的管路,拧紧到合适扭矩。

(3) 在膨胀阀和冷凝器管接头处安装O形圈,连接冷凝器液体管到膨胀阀进口的管路,拧紧到合适扭矩。

(4) 安装感温包并用夹子固定,再用绝缘带包裹感温包。

(四) 蒸发器

蒸发器的基本要求同冷凝器,因其置于车内,其防腐蚀性能没有冷凝器要求高,但车内空间有限,因此对其体积提出了更苛刻的要求。

蒸发器的作用是将从膨胀阀出来的低压制冷剂蒸发而吸收车内空气的热量,从而达到车内降温的目的。蒸发器主要有管片式蒸发器、管带式蒸发器和层叠式蒸发器。目前我国轿车上主要采用全铝层叠式蒸发器和管带式蒸发器,大型客车上主要采用铜管铝片式蒸发器,中型客车上几种形式都有,以管带式蒸发器为主。如奥迪A6、宝来、本田、别克、赛欧、帕萨特等车的空调均采用层叠式蒸发器,桑塔纳2000型轿车的空调采用管带式蒸发器。

1. 管带式蒸发器

管带式蒸发器的结构与管带式冷凝器基本相同,只是长度更小些、厚度更大些、扁形盘管的孔数要多些,尺寸更紧凑,如图3-21所示。

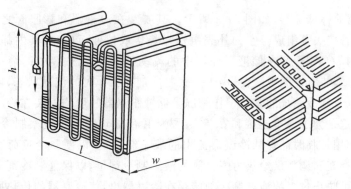

图 3-21 管带式蒸发器

2. 层叠式蒸发器

层叠式蒸发器由两片冲压成复杂形状的铝板叠焊在一起,组成制冷剂通道,每两片通道之间夹有蛇形散热带,如图3-22所示。层叠式蒸发器采用薄板冲压件,可冲出各种扰流花纹状制冷剂通道,把传统单边室结构改成双边室结构,克服了单边室结构由于U形腔形成的偏流而影响工质传热性能的缺点。上板与下板之间的连接方式由点结合改变成线结合，提高了结合的可靠性，同时增大了与翅片的结合面积，提高了空气侧的换热效率，目前其换热效率在蒸发器中为最高，层叠式蒸发器的换热效率可比管带式蒸发器提高10%以上。另一方面，由于采用高性能翅片，工质通道具有最佳的液力半径及合理的结构，结构紧凑，使蒸发器的质量减轻。此外，层叠式蒸发器具备优越的使用性，板的外侧为直线通道，使冷凝水容易流走，提高了脱水性。同时，层叠式蒸发器表面经过特殊的工艺处理，具有防腐、防臭性能和良好的亲水性。

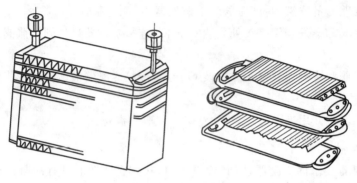

图 3-22　层叠式蒸发器

3. 蒸发器的拆装

（1）拆下膨胀阀与蒸发器之间的制冷剂管路，并拆下管路接口处的O形密封圈。

（2）拆下蒸发器进口管，并拆下管路接口处的密封O形圈。

（3）拆下蒸发器与集液器之间的管路，拆下管路接口处的O形密封圈。

（4）拆下固定件并从车上取下蒸发器。

（5）按与以上步骤相反的顺序重新安装蒸发器，在各管路接口处安装新的O形密封圈。

（五）储液干燥器和集液器

1. 储液干燥器

储液干燥器简称储液器，如图3-23所示。其安装在冷凝器和膨胀阀之间，主要由视液窗、安全熔塞和管接头等组成。它的外壳由钢材焊接或拉伸而成，在其内部装有中心吸管、干燥剂和过滤网等。制冷剂在储液干燥器中的流动情况如图3-23中的箭头所示。在储液干燥器上部出口端装有玻璃视液窗，用于观察制冷剂在工作时的流动状态，由此可判断制冷剂量是否合适以及制冷系统的基本工作情况。储液干燥器一般均安装在冷凝器旁或其他通风良好的地方，这是为了便于连接和安装，且易从顶部玻璃视液窗观察制冷剂的流动情况。储液干燥器的作用是临时储存从冷凝器流出的液态制冷剂，以便制冷负荷变动和系统中有微漏时，能及时补充和调整供给热力膨胀阀的液态制冷剂量，以保证制冷剂流动的连续性和稳定性。同时，可防止过多的液态制冷剂储存在冷凝器里，使冷凝器的传热面积减小而使散热效率降低。而且还可滤除制冷剂中的杂质，吸收制冷剂中的水分，以防止制冷系统管路脏堵和冰塞，保护设备部件不受侵蚀，从而保证制冷系统的正常工作。

对于直立式储液干燥器而言，安装时一定要垂直，倾斜度不得超过15°。在安装新的储液干燥器之前，不得过早将其进、出管口的包装打开，以免湿空气侵入储液干燥器和系统内部，使之失去除湿的作用。安装前一定要先弄清储液干燥器的进、出口端，在储液干燥器的进、出口端一般都标有记号,如进口端用"IN"、出口端用"OUT"表示,或直接标上箭头以表示进、出口端。如果进、出口相互接反,会导致系统内制冷剂量不足。

储液干燥器入口端旁边装有一只安全熔塞,也称易熔螺塞,是制冷系统的一种安全保护装置。其中心有轴向通孔,孔内装有焊锡之类的易熔材料,这些易熔材料的熔点一般为85～95 ℃。当冷凝器因通风不良或冷气负荷过大而冷却不够时,冷凝器和储液干燥器内的制冷剂温度升高,当压力达到3 MPa左右、温度超过易熔材料的熔点时,安全熔塞中心孔内的易熔材料便会熔化,使制冷剂通过安全熔塞的中心孔逸出散发到大气中去,从而避免系统的其他部件因压力过高而被胀坏。

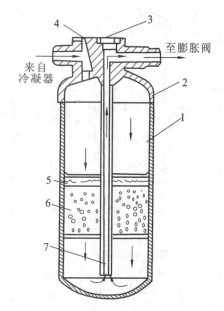

图3-23 储液干燥器
1—干燥器体;2—干燥器盖;3—视液窗;
4—安全熔塞;5—过滤器;6—干燥剂;7—中心吸管

2. 储液干燥器的拆装

储液干燥器的拆装操作步骤如下。

(1) 对制冷系统中的制冷剂进行排空处理(按有关要求进行回收)。

(2) 拆下储液干燥器的低压开关、高压开关导线。

(3) 拆下储液干燥器的进、出口软管。

(4) 拆下制冷剂的进、出接口处的O形密封圈或密封垫。

(5) 松开并拆下固定储液干燥器的紧固件。

(6) 从车上拆下储液干燥器。

(7) 按与上述相反的顺序重新安装新的储液干燥器。(注意:O形圈要更换新的。)

(8) 对系统进行检漏、抽真空和制冷剂充注。

拆装储液干燥器时的注意事项如下。

(1) 拆装工具要合适且要保护好进、出口的螺纹。

(2) 安装储液干燥器之前,不得过早将其进、出管口的包装打开,以免湿空气进入储液干燥器和系统内部,使之失去除湿作用。

(3) 安装前要清楚储液干燥器的进、出口端,否则容易装错。进、出口端一般标有记号,如进口端用"IN"、出口端用"OUT"表示,或直接标上箭头来表示进、出口端。如果进、出口相互接反,则会使系统制冷不足或不制冷。

3. 集液器

集液器是一种特殊形式的储液干燥器,用于回气管路中的气液分离(见图3-24),所以又称作液气分离器。集液器的功能除了干燥、过滤制冷剂外,主要功能有如下两个:一是防止蒸发器未蒸发的R134a(或R12)进入压缩机,从蒸发器出来的未蒸发的R134a(或R12)在液气分离器再次蒸发后才进入压缩机;二是压缩机停止运行时,由于孔管不能关死,导致高压侧的液态R134a(或R12)产生液击,击毁压缩机,所以只有在低压侧设置一个体积比较大的

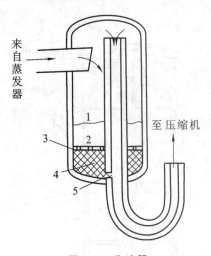

图 3-24 集液器
1—气体；2—液体；3—滤网；
4—干燥剂；5—泄油孔

液气分离器，将高压侧流过来的液态制冷剂储存起来，不让其流至压缩机，这样既能使压缩机容易重新启动，又不会使压缩机发生液击现象，而装在液气分离器里的液态制冷剂在压缩机启动后会再蒸发。孔管制冷系统设置了液气分离器，压缩机容易启动，这是孔管制冷系统节能的根本原因。据有关资料，孔管制冷系统一般比其他电磁离合器循环制冷系统节能15%，而比蒸发器控制的制冷系统节能则达30%。由于压缩机重新启动容易，电磁离合器的寿命和压缩机的寿命均延长一倍以上。另外，由于启动转矩小，压缩机损耗可以降低更多。

需要补充的是，最新式的孔管制冷系统已经不再使用恒温器了，而是在液气分离器上装一个压力开关，以测量蒸发器出来的制冷剂压力。当蒸发压力低于 0.308 MPa 时，低压开关便切断电磁离合器电磁线圈的电路，使制冷压缩机停止运行。如当蒸发压力为 0.310 MPa 时电磁离合器吸合，压缩机运行；而在降到 0.273 MPa 时电磁离合器分离。

孔管制冷系统的最大特点是节能和可靠，所以被广泛使用在经济性能要求高的经济型轿车和中档轿车上，福特汽车公司、丰田汽车公司、大众汽车公司等普遍采用孔管制冷系统。近年来由于重视汽车节能，许多高档汽车也采用孔管制冷系统。

二、空调制冷系统的压力检测

用压力表检查汽车空调制冷系统故障，一般分压缩机停止和运转两种状态。

(1) 在压缩机停止运转 10 h 以上后，压缩机的高、低压侧压力应为同一数值，如果高、低侧压力表所显示的数值不相等，说明系统内部有堵塞，应对膨胀阀、储液干燥器及管路部分进行检查。

(2) 当压缩机处于运转状态时，将发动机转速控制在 1500～2000 r/min，启动空调使压缩机工作，一般情况下，低压侧压力约为 150～250 kPa，高压侧压力约为 1400～1600 kPa。

(一) 系统压力检测的准备

进行汽车空调系统压力检测前，应对系统温度、制冷剂循环状况及压缩机驱动皮带进行检测和观察。

1. 温度检查

在进行温度检查前，首先要启动发动机，并使发动机转速保持在 3000 r/min，盖好发动机罩，打开汽车空调开关并将鼓风机开到最高挡(外部进空气)，同时打开所有通风口。

制冷系统工作 3 min 后，测量中央通风口处的温度和外界温度，然后根据测得的温度绘制温度曲线。

2. 制冷剂循环状况检查

通过储液干燥器视液窗检查制冷剂的循环状况，同时可对系统中制冷剂的量进行粗略的检查。启动发动机，打开汽车空调系统，使发动机在高怠速(1500～2000 r/min)状态下运转 5 min 后,观察储液干燥器视液窗。如果液体流动正常,则说明制冷剂循环正常;如果液体不流动,则应检查系统的密封性并予修复;如果出现气泡,则说明缺少制冷剂,应检查系统的密封性并予修复,然后添加适量的制冷剂;如果出现乳白色气泡,则说明制冷系统湿度过大。

3. 压缩机驱动皮带检查

检查汽车空调压缩机驱动皮带的状况是否良好,驱动皮带是否正确地安装在皮带槽内,驱动皮带的张力是否合适。可用皮带张力检测仪检测皮带张力,压缩机驱动皮带的张力应为 250 N,如果张力达不到规定值,则必须调整预紧螺钉,使之达到规定值。

(二)制冷系统压力的检测

压力检测是一种用歧管压力计查找故障部位的方法,其前提条件是:发动机转速为 1500 r/min,鼓风机处于高速状态,温控开关置于最低挡。

压力检测的具体操作如下。

(1) 正确连接歧管压力计。关闭高、低压手动阀,低压侧接头与压缩机低压侧连接,高压侧接头与压缩机高压侧连接。

(2) 开启空调压缩机,这时高压侧压力慢慢上升,低压侧压力慢慢下降,可待高、低压表指针指示稳定后读出压力值。

(3) 制冷系统在正常运行情况下,其压力值如表 3-1 所示。

表 3-1 制冷系统正常运行时的压力值

车外温度	高压侧压力	低压侧压力
25 ℃	1.05～1.25 MPa	0.10～0.15 MPa
30 ℃	1.35～1.55 MPa	0.15～0.20 MPa
35 ℃	1.45～1.81 MPa	0.20～0.25 MPa
40 ℃	1.89～2.53 MPa	0.25～0.30 MPa

如压力表指示值与正常值不符,则可按照如下方法进行故障诊断。

① 高、低压表的指示值均比正常值低。这可能是因为制冷剂不足,检查时,可发现高压管微热、低压管微冷,但温差不大,从视液镜中可以观察到每隔 1～2 s 就有气泡出现,这时应先检查系统有无泄漏点,补漏后再补足制冷剂。

② 低压表指示值比正常值低很多。这时,视液镜内可见模糊雾流,高、低压管无温差,冷气不冷,说明制冷剂严重泄漏。

③ 低压表指示值接近零,高压表指示值比正常值低。这时,空调系统常表现为出风不冷、膨胀阀前后的管路上结霜。其原因,一方面可能是膨胀阀结霜堵塞,使得制冷剂在系统中无法循环,此时应反复抽真空,重新添加制冷剂;另一方面可能是膨胀阀感温包损坏,造成膨胀阀未开启,此时应检查感温包。

④ 高、低压表指示值都过低。原因可能是压缩机内部故障,如阀板垫、阀片损坏,需要更换压缩机。

⑤ 高、低压表指示值都比正常值要高。压缩机吸气管表面温度比正常情况下低,出现潮湿冰冷现象(俗称"出汗")。由于膨胀阀开度过大,蒸发器内制冷剂"供过于求",影响蒸

发,相应地吸热量减少,造成空调制冷不足。此时,如果膨胀阀开度可以调节,应将开度调小;如不可调,则应更换膨胀阀。

⑥ 高、低压侧的压力均过高。这表明制冷剂过多,两手分别触摸压缩机进气管和排气管,高压侧烫手,低压侧能看到冰霜,压缩机停止运行后,其余部分继续工作时,在超过45 s以后,视液镜内仍然无气泡流过。此时,应排出多余的制冷剂。

⑦ 低压表指示值过高,高压表指示值稍高。这可能是冷凝器冷却不足,如果用冷水对冷凝器进行冷却,压力表指示值变为正常值,则可断定是冷凝器冷却不足。如果出现这种故障,则在刚开空调时,制冷效果好,工作时间长了,制冷效果变差。如果冷凝器的散热片阻塞、发动机冷却液温度过高、冷凝器风扇风量不够,则有可能是冷凝器风扇或风扇皮带出现问题。

⑧ 低压表指示值为零或负压,高压表指示值正常或偏高。空调系统时而制冷不足,时而正常,这种现象说明制冷系统中有水分或干燥剂吸湿能力达到饱和,水分进入制冷循环系统,在膨胀阀小孔处冻结,融化后制冷系统又恢复正常状态。此时,应更换储液干燥器或集液器,或反复抽真空以排出系统内水分。

⑨ 低压表指示值较低,高压表指示值过高。出现这种现象的原因一般是制冷系统堵塞,堵塞经常在制冷系统通道截面较小的位置发生,易于堵塞的部件绝大部分处于制冷系统的高压侧,例如储液干燥器的过滤器、膨胀阀滤网等,而且堵塞现象一般是由制冷剂所含有的水分、尘埃等造成的,堵塞部位经常有结霜现象。找到堵塞部位后,拆下堵塞的部件进行清洗或更换,堵塞严重时,应将制冷系统全部拆卸,分段清洗。

⑩ 低压表指示值过高,高压表指示值过低。这种现象常常表明压缩机内部有泄漏,应更换或修理压缩机。

⑪ 低压表指示值略高,高压表指示值略低。无冷气,压缩机吸气管有水分凝结或有一层霜,可能是膨胀阀损坏,需要更换膨胀阀,充入制冷剂。

【专业知识拓展】

一、电磁离合器

在非独立式汽车空调系统中,压缩机是由汽车主发动机驱动的。为了使空调系统的开、停不影响发动机的工作,发动机的曲轴不是与压缩机的主轴直接相连,而是通过电磁离合器把动力传递给压缩机的。电磁离合器是发动机和压缩机之间的一个动力传递机构,受空调A/C开关、温控器、空调放大器、压力开关等控制,在需要时接通或切断发动机与压缩机之间的动力传递。另外,当压缩机过载时,它还能起到一定的保护作用。因此,通过控制电磁离合器的结合与分离,就可接通与断开压缩机。

在汽车空调系统中,电磁离合器一般安装在压缩机前端面,成为压缩机总成的一部分。电磁离合器由带轮(又称皮带轮)、电磁线圈和压力板等部件组成。电磁离合器有两种:一种为旋转线圈式,电磁线圈与带轮一起转动;另一种是固定线圈式,电磁线圈不转动,只有带轮转动。后者应用较广泛。

图3-25所示为固定线圈式电磁离合器的工作原理图。电磁线圈固定在压缩机的外壳上,压力板与压缩机的主轴相连接,带轮通过轴承套在压缩机头盖上,可以自由转动。

当空调开关接通时,电流通过电磁离合器的电磁线圈,电磁线圈产生电磁吸力,使压缩机的压力板与带轮结合,将发动机的转矩传递给压缩机主轴,使压缩机主轴旋转。

当空调开关断开时,电磁线圈的吸力消失,在弹簧片作用下,压力板和带轮脱离,压缩机便停止工作。

1. 电磁离合器的拆装训练

1) 电磁离合器的拆卸

(1) 拆下压缩机主轴的锁紧螺母。

(2) 由于压力板与压缩机主轴是用半圆键或花键连接的,所以应用专用拆卸工具,拆下压力板。

(3) 用卡簧钳拆下带轮的卡簧。

(4) 用专用拉拔器拆卸带轮和轴承组件,注意保护压缩机轴端及螺纹,轴端与拉拔器之间最好垫上金属垫,并保持拉拔器与轴对正以防止压缩机主轴损坏。

(5) 拆下电磁线圈支架卡簧或螺钉。

(6) 拆下电磁线圈,注意不要碰坏电磁线圈的接线端子和导线。

(7) 拆下轴承组件。

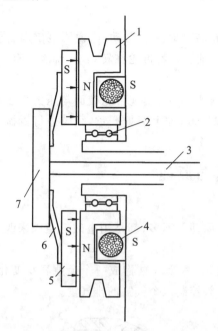

图 3-25 固定线圈式电磁离合器的工作原理图
1—皮带轮;2—轴承;3—压缩机主轴;4—电磁线圈;
5—压力板;6—弹簧片;7—驱动盘

2) 电磁离合器的安装

在安装压缩机电磁离合器前,应擦净压缩机及离合器的各个零部件,并用规定型号的润滑油对轴承进行润滑。具体的安装步骤如下。

(1) 安装电磁线圈,并将压缩机壳体的定位销与电磁线圈上的定位孔对正配合。

(2) 安装电磁线圈卡簧,并使卡簧斜面朝外。

(3) 安装轴承和带轮总成,注意用金属垫(铜块或铝块)垫在轴承、带轮上,并用锤子均匀平整地轻轻敲到位。

(4) 安装带轮卡簧,注意使卡簧斜面朝外。

(5) 安装垫片、键,并检查压力板与压缩机主轴、键的位置是否正确。

(6) 检查压力板与带轮之间的轴向间隙,间隙一般为 0.53~0.91 mm。(注意:要用非磁性的塞尺检测,转动压缩机主轴一圈以上,检查不同角度的轴向间隙,可通过加、减垫片来调整。)

(7) 安装锁紧螺母,拧紧力矩为 13.6~19.0 N·m。

2. 电磁线圈的检测

电磁线圈的规格和电气参数,根据压缩机型号的不同存在差异,但是其基本作用、结构类似。电磁线圈工作电压有 12 V、24 V 两种,工作电流 5 A 左右。其检测步骤如下。

(1) 首先断开电磁线圈电源,用万用表检测电磁线圈的电阻值。如果电阻值不在容许范围之内,则应更换电磁线圈。若万用表指示在无穷大处,则说明该电磁线圈处于断路状态;若测量的电阻值小于标准电阻值,则说明该线圈处于短路状态。

(2) 若测量值不在容许范围内,应先检查电磁线圈外部引线和接线端子有无锈蚀、断裂或裸露接地等,如确定为电磁线圈内部故障,才需拆下更换电磁线圈。

(3) 若压缩机电磁离合器结合无力或时通时断,主要原因是电磁线圈接线端子锈蚀、松旷、线圈内部脱焊等,可清除接线端子的氧化物并夹紧或焊牢。

3. 其他部件的检查

(1) 启动发动机,观察压缩机前端带轮,若带轮转动时左右摆动,则说明电磁离合器带轮轴承出现松旷,应将轴承从带轮处拆下,更换新的轴承。若带轮在转动中,轴承处有响声,说明轴承有故障,亦应更换轴承。

(2) 启动发动机,若在电磁离合器电气部分正常情况下,出现带轮表面与压力板表面打滑的现象,应检查压力板与带轮表面是否有磨损或抓痕,如果磨损严重,则应进行机械加工修复或换新件,保证其摩擦力。

二、汽车空调变容量压缩机的结构与原理

1. 变容量斜板式压缩机

斜板式压缩机进行变容量的形式很多,但是其原理差不多,都是用电磁三通阀来改变余隙容积的大小,使排气量发生变化,从而改变制冷量。

变容量斜板式压缩机结构示意图如图3-26所示,六个气缸构成一个余隙容积变化阀,共同由一个或两个电磁阀控制,也可以由三个电磁阀控制六个气缸的排气量。

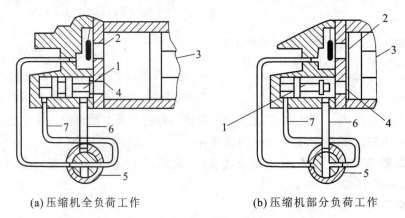

(a) 压缩机全负荷工作　　　　(b) 压缩机部分负荷工作

图3-26　变容量斜板式压缩机结构示意图

1—余隙容积变化阀;2—排气腔;3—活塞;4—阀口;5—三通电磁阀;6—回气管;7—工作管

压缩机正常负荷工作时,三通电磁阀接通排气腔工作管,高压气体将余隙容积变化阀向右推,将阀口堵住,则压缩机按正常排气量工作,即按全负荷工作。

当需要降低压缩机的排气量时,三通电磁阀接通回气管和工作管。当压缩机吸气时,余隙容积变化阀首先将原来左端的高压气体通过工作管、回气管送到吸气缸;在活塞压缩时,气体推动余隙容积变化阀左移,留下一个空间,如图3-26(b)所示。当压缩完毕时,余隙容积变化阀内的气体保留下来。当活塞右移时,余隙容积变化阀内的高压气体首先膨胀,这样就减少了气缸的吸气量和排气量,也减少了功耗。每个气缸减少的排气量,视余隙容积变化阀容积的设计大小而定,一般每个气缸的排气量按减少75%设计,这时功耗可减少50%。

很明显,变容量斜板式压缩机是有级控制的,这点就远不及变容量翘板式压缩机的输气质量好。同时,用一个电磁阀来控制六个气缸也不合适,因为这样排气的波动太大,易引起

制冷量的急剧变化。所以最好用三个电磁阀,每个电磁阀控制两个气缸,根据车内的温度或者车外的温度来决定先变容两个气缸,再变容四个气缸或六个气缸。这样控制结构就会复杂化,这点也不及变容翘板式压缩机简单。所以从变容的结构、功耗、空调舒适性来说,变容量翘板式压缩机的整体性能比其他往复式压缩机的好得多。

2. 变容量翘板式压缩机

变容量翘板式压缩机是对原翘板式压缩机的改进,其结构示意图如图 3-27 所示。变容量翘板式压缩机斜盘与主轴间增加了一个可在主轴上滑动的轴套,主轴上装有驱动斜盘运动的驱动杆。斜盘与驱动杆通过两个同心短销轴相连接,驱动杆上开有腰形槽,斜盘与驱动杆通过长销轴构成活动连接,如图 3-28 所示。斜盘倾角的改变可以改变活塞的行程,从而实现压缩机随主轴旋转一周的每转排量的改变。研究表明,压缩机排量是由压缩机转速 n、压缩机吸气压力 P_s、压缩机排气压力 P_d 及压缩机腔内压力 P_c 共同决定的。当转速增加时,斜盘所受的离心力增加,倾角减小,使压缩机每转排量减小;当压缩机排气、吸气压力增加时,气缸内气体压力增加,斜盘倾角增加,压缩机每转排量增加;当压缩机腔内压力增加时,斜盘倾角减小,压缩机每转排量减小。这样,当主轴回转运动时,斜盘在外力驱动下,既可回转运动又可摆动一定角度来改变活塞行程,实现排量变化。

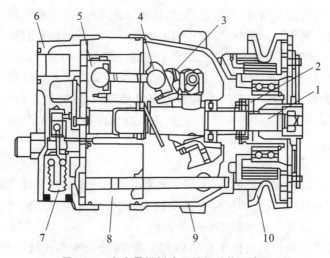

图 3-27 变容量翘板式压缩机结构示意图

1—主轴;2—轴封器;3—斜盘;4—翘盘;5—活塞;6—后盖;7—控制阀;8—缸体;9—前盖;10—离合器

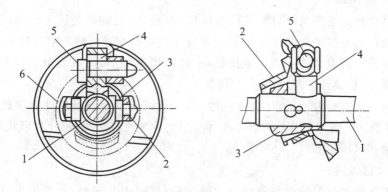

图 3-28 变容量翘板式压缩机变排量机构示意图

1—主轴;2—斜盘;3—轴套;4—驱动杆;5—长销轴;6—短销轴

为了保证斜盘推动翘盘平稳运行,翘盘上装有导向瓦和导向球,通过导向瓦的万向运动,达到排量变化时翘盘进行综合运动的目的。导向球在导向杆上滑动,使翘盘能平稳地做摇摆往复运动,起到导向作用。

变容量翘板式压缩机是通过安装于后盖上的控制阀实现温度自动控制的。控制阀则通过波纹管来感知吸气压力的变化,这种内部抽真空的波纹管能够补偿不同海拔高度大气压力的变化。压缩机控制阀不断调节吸气压力与曲轴箱压力的差值,通过改变斜盘角度而改变活塞行程,实现排量变化。

通过安装在压缩机内部的控制阀的动作,可以调节曲轴箱内压力的大小,从而达到控制排量的目的。与以往采用气动控制阀控制排量的压缩机不同,变容量翘板式压缩机采用电动控制阀作为执行器。电动控制阀是电动控制型变排量压缩机的关键部件,电动控制型变排量压缩机的工作性能主要取决于电动控制阀的性能。

三、电磁旁通阀

电磁旁通阀多用于大、中型客车的独立式汽车空调系统,其作用是控制蒸发器的蒸发压力和蒸发温度,防止蒸发器因温度过低而结冰和挂霜。

电磁旁通阀一般安装在储液干燥器与压缩机吸入阀之间,其工作原理是:当吹过蒸发器的冷风温度低于设定温度时,控制电路使电磁旁通阀开启,一部分高压液态制冷剂便通过电磁旁通阀通道到达压缩机吸入侧,与蒸发器出来的制冷剂蒸气相混合,这样便减少了通过蒸发器的制冷剂流量,使蒸发器蒸发压力相应提高,因而也提高了蒸发温度,使蒸发器免于结冰和挂霜;当蒸发温度升高到一定值时,控制电路又使该阀关闭,进入蒸发器的制冷剂随之增加,蒸发温度也降低。这一过程不断循环,将蒸发器温度控制在规定的范围之内。

四、鼓风机

汽车空调制冷系统采用的鼓风机,大部分是靠电动机带动的气体输送机械,其对空气进行较小的增压,以便将冷空气送到所需要的车厢内,或将冷凝器四周的热空气吹到车外,因而鼓风机在空调制冷系统中是十分重要的设备。

鼓风机按其气体流向与鼓风机主轴的相互关系,可分为离心式鼓风机和轴流式鼓风机两种。

1. 离心式鼓风机

离心式鼓风机的空气流向与鼓风机主轴成 90°角,它的特点是风压高、风量小、噪声也小。蒸发器采用这种鼓风机,因为风压高可将冷空气吹到车厢内每个乘员身上,使乘员有冷风感。噪声小是空调设计的一项重要指标,车厢内噪声小,乘员不至于感到不适而过早疲劳。至于风量小,在设计、选型时可考虑周全。

离心式鼓风机主要由电动机、鼓风机轴(与电动机同轴)、鼓风机叶片和鼓风机壳体组成,如图 3-29 所示。鼓风机叶片有直叶片、前弯片、后弯片等形状,随叶片形状不同,鼓风机所产生的风量和风压也不同。

2. 轴流式鼓风机

轴流式鼓风机的空气流向与鼓风机主轴平行,其特点是风量大、风压小、耗电省、噪声大。冷凝器采用这种鼓风机,因为风量大可将冷凝器四周的热空气全部吹走。耗电省是车用电器最重要的要求之一,轴流式鼓风机能满足这种要求。至于轴流式鼓风机的缺点,如风压小、噪声大,对于冷凝器来说不是大问题,因为冷凝器只要将其四周的热空气吹离即可,并不要求将热空气吹很远,所以风压小不影响冷凝器正常工作;另外,冷凝器是安装在车厢外面的,所以鼓风机噪声大也不影响车内。

如图3-30所示,轴流式鼓风机主要由电动机、鼓风机轴、风扇叶片和键组成。风扇叶片固定在骨架上,常做成三片、四片、五片不等,叶片骨架穿在鼓风机轴上,由键带动旋转。

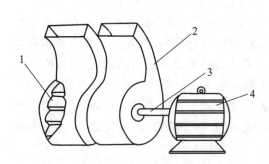 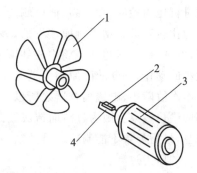

图3-29 离心式鼓风机结构示意图
1—鼓风机叶片;2—鼓风机壳体;
3—鼓风机轴;4—电动机

图3-30 轴流式鼓风机结构示意图
1—风扇叶片;2—键;3—电动机;4—鼓风机轴

【案例分析】

空调电磁离合器不能吸合。

1) 故障现象

一辆1999年产的普通桑塔纳,行驶途中轿车里的空调突然没有冷风,出风口吹出大量热风,而怠速时运转良好。据车主反映,此故障在天气稍凉时好一些,一旦气温升高,就特别明显。

2) 故障检查

空调吹出热风,一般有以下几种原因。

(1) 空调的膨胀阀被堵住,造成制冷剂不能进行很好的循环,从而不能制冷。

(2) 空调的冷热循环风门出现异常动作,在行车途中出现热循环风门打开的现象。

(3) 蒸发器结冰,在行驶途中被冻结,导致冷风不能吹出,但这种现象一般伴随着风量减小的现象。

(4) 系统有故障,导致有时不能使电磁离合器的电磁线圈被吸合。

(5) 电磁离合器的电磁线圈有故障,有时不能很好地吸合。

3) 故障排除与分析

根据上述的几种原因,采取优先排除的方法。首先进行试车,发现原地怠速运行半小时,没有见到故障发生,出风口温度为8 ℃。进行空调制冷系统压力检测,低压侧压力为180～250 kPa,高压侧压力为1500～1800 kPa,在正常范围之内。进行路试时发现,当行驶5公里之后,出现了故障,出风口温度逐渐上升,出来一阵阵的温风,随着时间的推移,制冷逐渐消失,在驾驶室内进行冷热风切换,发现风门仍旧起作用,实际上在制冷状态下出风口所吹出的风并不是热风,而是没有经过制冷的自然风。

通过试车,已经将故障原因的范围缩小。当出现故障后,发现空调电磁离合器已经不能吸合。

空调电磁离合器不能吸合的原因有:系统压力过高,进入保护状态;压力开关损坏,导致不能吸合;蒸发器温度传感器故障,错误地向线路传递一个温度较低的信号;电磁线圈损坏;发动机温度过高,空调系统进入保护状态。

使用红外线测温仪对发动机的各个部位进行温度检测,均在规定范围之内,水温102 ℃。再次进行压力检测,发现高、低压侧的压力已经平衡,大约为700 kPa,在不吸泵的情况下,这一压力比较正常。用手触摸蒸发器,表面并没有结冰。使用万用表检查电磁离合器吸盘的电压,发现有12 V电压。将电磁线圈直接接入电瓶电压进行试验,发现电磁离合器的吸盘有微小的动作,判断故障原因为电磁线圈损坏。更换电磁线圈之后进行路试,故障消失。

本次故障中,电磁离合器之所以不能吸合,是因为电磁线圈在经过长时间的使用后,其内部的漆包线束会因为过热而造成彼此间的短路,使得电磁线圈吸力明显下降,不能吸合空调吸盘,最后导致不能制冷。另外,容易造成电磁线圈损坏的原因除品质问题外,主要是空调系统的压力过高。

学习任务 4
汽车空调间歇性不制冷故障检修

◀ **任务要求**

完成本学习任务后,你应该能够:

(1) 正确完成企业维修接待任务;

(2) 正确描述汽车空调的基本控制部件及其组成和工作原理;

(3) 正确理解汽车空调各控制部件的结构特点和作用;

(4) 正确理解汽车空调压缩机离合器控制结构和工作原理及其电路的检测;

(5) 正确理解汽车空调鼓风机转速控制结构和工作原理及其电路的检测;

(6) 正确识别汽车空调控制电路常见故障,并完成检修作业;

(7) 正确完成企业标准验收任务,评价和反馈工作过程,完成任务工单。

【情景导入】

一辆凌志 LS400 轿车行驶总里程数为 6.5 万公里时,发现汽车空调间歇性不制冷,且空调故障警告灯长亮。

【背景知识】

为保证系统正常工作,维持车内所需要的温度,汽车空调系统需要一整套的环境温度控制、送风量控制以及制冷工况的温度控制、压力控制、流量控制和相关的电路,它包括传感器、控制器和执行器等装置。同时,为保证在一些特殊情况下汽车空调系统能正常可靠地工作,系统内还需要设置安全保护装置和相关电路。

汽车安装了空调系统,特别是非独立式汽车空调系统,需要消耗发动机的动力,这影响了发动机的动力性和经济性,从而影响了汽车运行的工况。为了保证汽车运行时,空调系统的工作不会严重影响发动机的各种工况,还必须设置汽车工况控制装置和相关电路。

一、汽车空调系统保护装置

(一)高、低压保护开关

高、低压保护开关是空调系统的重要元件,它们的作用是保证系统在压力异常的情况下启动相应的保护电路,或者切断压缩机电磁离合器线圈电路,防止损坏系统部件。

1. 高压保护开关

高压保护开关是用来防止制冷系统在异常高压下工作的,以保护冷凝器和高压管路不会爆裂,压缩机的排气阀不会折断以及压缩机电磁离合器等其他零部件不损坏。当冷凝器被杂物阻挡冷却风道时,由于制冷剂无法冷却,制冷剂压力便会升高;当制冷系统制冷剂量过多,或者系统管路发生堵塞时,制冷剂压力也会增高。制冷剂压力过高时,高压保护开关通常有两种保护方式:一是自动将冷凝器风扇高速挡电路接通,提高风扇转速,以便较快地降低冷凝器的温度和压力;二是切断压缩机电磁离合器电路,使压缩机停止运行。

高压保护开关的结构如图 4-1 所示,它通常安装在储液干燥器上,使高压制冷剂蒸气直接作用在膜片上。图 4-1(a)所示的常开型高压开关在正常情况下触点断开,冷凝器风扇停止工作,当制冷系统压力异常,升高至工作压力上限时,制冷剂蒸气压力大于弹簧压力,触点接通,冷凝器风扇高速运转强制冷却。而对于图 4-1(b)所示的常闭型高压开关,压缩机电磁离合器电路接通,制冷系统正常工作,当系统压力高于正常值时,制冷剂压力大于弹簧压力,触点将电磁离合器电路断开,压缩机停止运行,从而保护了压缩机,当制冷剂压力下降到正常值时,触点重新闭合,电路接通,压缩机即可恢复运行。

2. 低压保护开关

当制冷系统的制冷剂不足或泄漏时,冷冻机油也有可能随之泄漏,系统的润滑便会不足,压缩机继续运行,将导致严重损坏。低压保护开关的功能就是感测制冷系统高压侧的制冷剂压力是否正常。低压保护开关的结构如图 4-2 所示。它通常用螺纹接头直接安装在系统管路高压侧。当制冷剂压力正常时,动触点接通压缩机电磁离合器电路;当压缩机排出的制冷剂压力过低时,低压保护开关会自动切断电磁离合器电路,压缩机停止运行,以保护压缩机不被损坏。

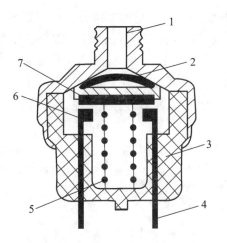 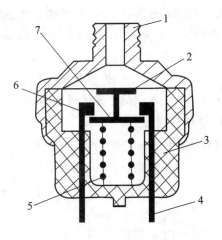

(a) 常开型高压开关　　　　　　　(b) 常闭型高压开关

图 4-1　高压保护开关的结构

1—管路接头；2—膜片；3—外壳；4—接线柱；5—弹簧；6—固定触点；7—活动触点

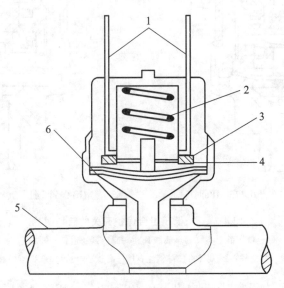

图 4-2　低压保护开关的结构

1—接线柱；2—弹簧；3—动触点；4—支座；5—压力导入管；6—膜片

低压保护开关还有一个功能，即在环境温度较低时，自动切断电磁离合器电路，使压缩机在低温下停止运行，这样可减少动力消耗，达到节能的目的。具体工作原理如下：当外界环境温度过低时，冷凝器温度亦低，相应的压缩机排出的制冷剂的温度和压力也低，例如使用 R12 的空调系统，当环境温度低于 10 ℃时，其压力正好是 0.423 MPa，此压力亦是低压保护开关切断电磁离合器电路的阈值，所以环境温度低于 10 ℃时，低压保护开关会使制冷系统自动停止工作。

还有一种低压保护开关安装在制冷系统的低压侧，是用来控制蒸发器的压力不致过低而结冰，从而保证制冷系统正常工作的。在 CCOT 制冷系统中，为控制压缩机工作循环，在电磁旁通阀系统中，除了用恒温器、热敏电阻来控制电磁旁通阀的通路外，还可采用低压保护开关来控制。这时,低压保护开关装在蒸发器的出口处,以感测其压力。当蒸发器压力过低时,低压保护开关将电磁旁通阀的电路接通,电磁旁通阀开始工作,让一部分高压制冷剂蒸气通过电磁旁通阀流到压缩机吸气口,使蒸发器压力回升,以防止其结冰;当蒸发器压力上升到一定值时,低压保护开关又切断电磁旁通阀的电路,系统恢复正常的制冷工作。这种用低压保护开关控制的电磁旁通阀系统一般用在大、中型客车的空调系统中。

3. 高低压组合保护开关

新型的空调制冷系统是把高、低压保护开关组合成一体,安装在储液干燥器上面的。这样既可减小重量和接口,又可减小制冷剂泄漏的可能性。图4-3所示就是高、低压组合保护开关的结构图,其工作原理如下。

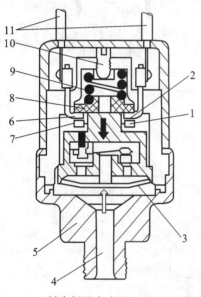 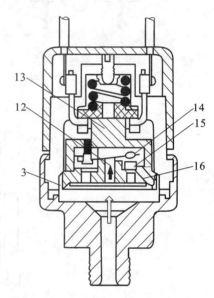

(a) 制冷剂压力小于0.423 MPa时　　　(b) 制冷剂压力大于2.75 MPa时

图 4-3　高、低压组合保护开关的结构图

1、7—低压动触点;2、6—低压静触点;3—金属膜片;4—制冷剂通道;5—开关座;8—绝缘片;9—弹簧;10—调节螺钉;11—接线柱;12—顶销;13—钢座;14—高压动触点;15—高压静触点;16—膜片座

当高压制冷剂的压力正常时,压力应为 0.423~2.75 MPa,金属膜片和弹簧处在平衡位置,高压触点和低压触点都闭合,电流从低压静触点6、低压动触点7到高压动触点14、高压静触点15后再到低压动触点1、低压静触点2触头出来。当制冷剂压力下降到0.423 MPa时,弹簧压力将大于制冷剂压力,推动低压触点断开,电流随即中断,压缩机停止运行,如图4-3(a)所示。反之,当制冷剂压力大于2.75 MPa时,制冷剂蒸气压力将整个装置往上推到上止点,制冷剂蒸气继续压迫金属膜片上移,并推动顶销将高压动触点14与高压静触点15分开,将电磁离合器电路断开,压缩机停止运行,如图4-3(b)所示;当高压侧的压力小于2.75 MPa时,金属膜片恢复正常位置,压缩机又开始运行。

(二) 过热限制器

过热限制器主要用于压缩机温度过高时,切断电磁离合器的电路,使压缩机停止运行,防止压缩机损坏。过热限制器包括过热开关和熔断器两部分。

过热开关是一种温度传感开关,装在压缩机后盖紧靠吸气腔的位置,其结构如图4-4所示。当制冷系统的制冷剂泄漏量较多时,压力会下降,若这时压缩机继续工作就会产生过热现象。此时制冷剂的温度上升,但压力不增加,冷冻机油会变质,进而损坏压缩机。这时,过热开关的传感器内的制冷剂蒸气将感受到入口温度的升高而使开关内部压力升高,推动膜片将导电触点与端子接通。导电触点通常直接与外壳连通,即过热开关的端子平时是断开的,在压缩机温度过高时,才会闭合搭铁。

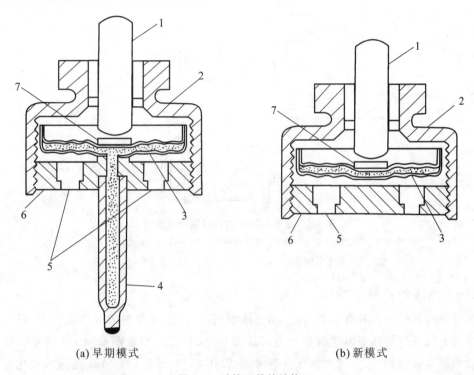

(a) 早期模式　　　　　　　　　(b) 新模式

图 4-4　过热开关的结构

1—端子;2—外罩;3—膜片;4—热敏管;5—基座开口;6—膜片安装基座;7—导电触点

过热限制器的电路原理示意图如图4-5所示。熔断器有三个接头,S接过热开关,B接外电源,C接电磁离合器。熔断器内部B和C之间接一个低熔点金属丝,S和C之间接电热丝。正常情况下,电流通过空调开关,经过熔断器低熔点金属丝到压缩机电磁离合器线圈。当发生过热时,过热开关闭合,使过热限制器的电热丝接地。电热丝发热后熔化低熔点金属丝,切断压缩机电磁离合器电路和过热开关的电路,压缩机停止运行,起到过热保护的作用。

熔断器断路后,一定要仔细检查制冷系统是否因泄漏而缺少制冷剂。否则,接好低熔点金属丝后,很快又烧断。另外,如果仔细检查制冷系统后,确认不缺少制冷剂,那么就可能是过热开关损坏,此时需要更换新的过热开关。

还有一种压缩机过热开关也称压缩机过热保护器,安装在压缩机尾部,如图4-6所示。它的作用是当压缩机排出的高压制冷剂气体温度过高或者由于缺少制冷剂以及润滑不良而造成压缩机本身温度过高时,过热开关断开,直接使电磁离合器断电而停止工作,防止压缩机因为过热而损坏。其工作原理和保护过程与过热限制器相似。

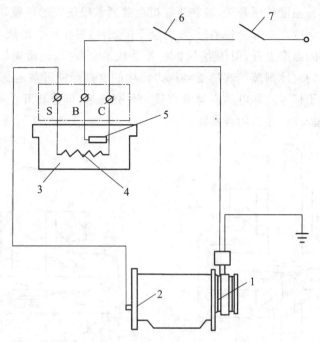

图 4-5 过热限制器的电路原理示意图

1—电磁离合器线圈;2—过热开关;3—熔断器;4—发热丝;
5—低熔点金属丝;6—空调开关;7—点火开关

(三) 高压卸压阀

如果制冷剂的压力升得太高,将会损坏压缩机。因此,在典型的空调系统中,有一个装在压缩机上或高压管路中由弹簧控制的高压卸压阀,其工作原理图如图 4-7 所示。按不同的系统和厂家,此阀的压力调整值有所不同,一般在 2.413~2.792 MPa 范围内变化。当系统压力超出调整值时,高压卸压阀开始使制冷剂溢出,直到压力降低到调整值为止。此时,在弹簧的作用下,高压卸压阀自动关闭,以保证制冷系统正常工作。

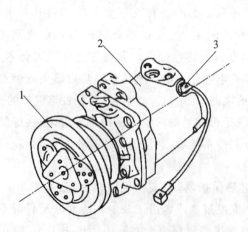

图 4-6 压缩机过热开关及其安装位置

1—电磁离合器;2—压缩机;3—过热开关

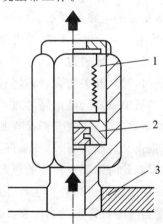

图 4-7 高压卸压阀的工作原理图

1—弹簧;2—高压卸压阀;3—压缩机

（四）冷却液过热开关和冷凝器过热开关

冷却液过热开关也称水温开关，其作用是防止在发动机过热的情况下使用空调。水温开关一般使用双金属片结构，安装在发动机散热器上或者冷却液管路中，感受发动机冷却液温度。当发动机冷却液温度超过某一规定值（如奥迪100型轿车的规定值为120 ℃）时，触点断开，直接切断（或者触点闭合通过空调放大器切断）电磁离合器电路使压缩机停止工作；而当发动机冷却液温度下降至某一规定值（如奥迪100型轿车的规定值为106 ℃）时，触点动作，自动恢复压缩机的正常工作。

冷凝器过热开关安装在冷凝器上，感受其温度，当其温度过高时，接通冷凝器风扇电路，强迫冷却过热的制冷剂，使系统能正常工作。桑塔纳轿车的冷凝器过热开关有两个，当冷凝器温度为95 ℃时，启动冷凝器风扇低速运转；当温度为105 ℃时，冷凝器风扇高速运转，以增强冷却效果。

（五）环境温度开关

环境温度开关也是串联在压缩机电磁离合器电路中的一只保护开关，或者直接串联在空调放大器电路中。通常当环境温度高于4 ℃时，其触点闭合；而当环境温度低于4 ℃时，其触点断开而切断电磁离合器的电路或者空调放大器电路。也就是说，当环境温度低于4 ℃时是不宜启动空调制冷系统的。其原因是当环境温度低于4 ℃时，由于温度较低，压缩机内冷冻机油黏度较大，流动性很差，如这时启动压缩机，冷冻机油还没来得及循环流动起润滑作用时，压缩机就会因润滑不良而加剧磨损甚至损坏。汽车空调使用手册规定，在冬季不用制冷时，也要定期启动空调制冷系统以使制冷剂能带动冷冻机油进行短时间的循环，以保证压缩机以及管路连接部位和阀类零件的密封元件不因缺油而干裂损坏，造成制冷剂泄漏，膨胀阀、电磁旁通阀等卡死失灵。由此可见，这项保养工作应在环境温度高于4 ℃时进行，冬季低于4 ℃时最好不要启动压缩机。环境温度开关是为此而设置的，国产上海大众桑塔纳轿车的空调系统便装有这种保护开关。

上述介绍的汽车空调系统保护装置，并非在每种汽车上都全部采用，而是根据情况部分采用。一般来说，原装车空调系统的保护装置都较为完善，而简易空调或加装的空调系统的保护装置较少甚至不采用保护装置。另外，不同的车型，各保护装置的工作参数也是不同的，在检测、维修、更换时应予注意。在保护装置出现问题时应及时更换新件，不得将其摘除或长期短接使用，以免造成空调系统的损坏。

二、汽车空调系统运行控制装置

（一）温度控制器

温度控制器又称温控开关、恒温器，起调节车内温度、防止蒸发器因温度过低而结霜的作用。常用的温度控制器有波纹管式和热敏电阻式两种。

1. 波纹管式温度控制器

波纹管式温度控制器（又称压力式温度控制器）的主要作用是控制蒸发器表面温度不低于0 ℃，防止结霜影响系统正常工作。

2. 热敏电阻式温度控制器

现代汽车空调制冷系统中，热敏电阻式温度控制器是空调放大器的一个重要部分，它能精确地控制蒸发器出口的温度,与其他电路共同控制压缩机电磁离合器电路的接通与切断,保证制冷系统正常工作并按照要求提供冷气。

热敏电阻式温度控制器的感温元件是热敏电阻,它将温度变化转换成电阻值的变化,即转换成电压变化,其工作原理框图如图 4-8 所示。

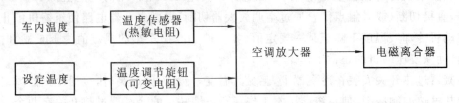

图 4-8　热敏电阻式温度控制器的工作原理框图

典型的由热敏电阻式温度控制器组成的空调放大器电路如图 4-9 所示,具有负温度系数的热敏电阻安装在蒸发器送风出口,当送风温度升高时,热敏电阻阻值减小;反之,阻值增大。可通过与热敏电阻相串联的温度设定电阻来设置空调系统的送风温度。空调放大器是一只电子电路控制开关,对温度信号(对应热敏电阻的阻值)进行处理。其具体工作原理如下。

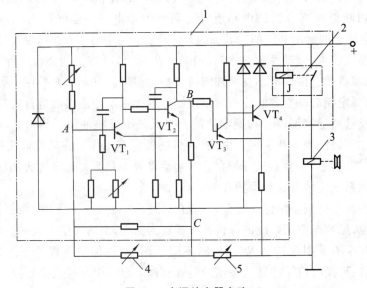

图 4-9　空调放大器电路
1—空调放大器；2—继电器；3—电磁离合器；4—温度设定电阻；5—热敏电阻

当温度设定电阻的阻值确定后,空调放大器电器中 B 点的电位高低取决于热敏电阻阻值的大小。当车内温度高于设定温度时,热敏电阻阻值减小,B 点电位降低,三极管 VT_3 截止,而 VT_4 导通,于是继电器线圈通电,其触点闭合,接通压缩机电磁离合器电路,制冷系统工作,从而使温度下降;当温度降低后,热敏电阻阻值增大,B 点电位升高,三极管 VT_3 导通,而 VT_4 截止,继电器线圈断电,触点断开,切断压缩机电磁离合器电路,制冷系统停止工作。如此循环工作,使车内温度保持在设定的范围内。

调节温度设定电阻可改变 A 点的电位,当温度设定电阻阻值减小时,A 点电位降低,三极管 VT_1 截止,VT_2 导通,B 点电位发生相应变化,VT_3 截止,VT_4 导通,制冷系统工作,设定温度降低;反之,温度设定电阻阻值增大时,设定温度升高。

目前,空调放大器的温度控制部分与其他部分一样,都采用了汽车空调放大器专用集成电路模块,其电路已经大大简化,可靠性强,安装调试也简便得多,但其基本工作原理是不变的。

(二) 怠速控制装置

在非独立式汽车空调系统中,制冷压缩机是由发动机带动的,当发动机处于怠速状态或汽车低速行驶时,制冷系统容易出现下列不良的情况。

(1) 发动机在怠速运行或低速运行时,冷却系统散热器的散热主要靠散热器风扇,而低速运行时散热器风扇的风压和风量均不充足,散热效果差,冷却液温度升高。同时,由于非独立式空调系统的冷凝器通常安装在散热器前面,进一步影响发动机散热器散热,发动机容易过热,影响发动机正常工作。

(2) 发动机处于怠速状态时,发出的电能严重不足,制冷系统要大量消耗蓄电池的电能,这是一种很不利的工况。

(3) 由于以上情况,再加上发动机的辐射热增加,使冷凝器的冷凝温度和冷凝压力异常升高,压缩机功耗迅速增大。这可能会引起两方面的问题:一是增加了发动机在怠速运行时的负荷,导致其工作不稳定,甚至熄火;二是引起电磁离合器打滑或传动皮带损坏。

因此,对于由发动机带动制冷压缩机的非独立式空调系统,为了保证汽车的怠速性能,必须增加发动机怠速控制器。

发动机怠速控制器有两种类型:一种是怠速切断装置,它能自动切断压缩机电磁离合器电路,使制冷系统停止工作,减轻发动机负荷,稳定发动机的怠速性能;另一种是怠速提高装置,使发动机怠速运行并需要使用制冷系统时,能自动加大化油器的节气门开度,使发动机在怠速运行时提高转速,既能保证有足够的动力维持制冷系统工作,又能保证自身的正常运转。

1. 怠速切断装置

怠速切断装置(怠速继电器)的主要功能是防止汽车怠速运行时,由于压缩机负荷造成的发动机工作不稳定,采用在发动机处于怠速运行时自动切断压缩机电磁离合器电路,使压缩机停止工作的方法来减轻发动机负荷,稳定发动机转速。这种方法是利用点火线圈的脉冲数作为控制信号的。汽车制冷系统的怠速控制信号一般都取自点火线圈的低压侧。怠速继电器的电路原理图如图 4-10 所示。

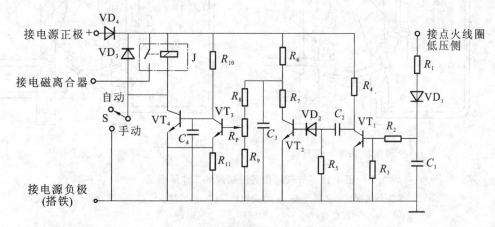

图 4-10 怠速继电器的电路原理图

发动机转速信号由接线柱 2 送入怠速继电器电路,电路中三极管 VT_1、VT_2 及相应的阻容元件组成频率-电压转换电路,送入的发动机转速信号经电阻 R_1、R_2 衰减,电容 C_1 滤波后由三极管 VT_1 放大,放大后的脉冲电压又经过由电容 C_2、电阻 R_5 和二极管 VD_2 组成的微分电路,其脉冲宽度变为一固定值,再经三极管 VT_2 放大整形,经 R_7、C_3 滤波后便在由 R_8、R_P 和 R_9 组成的分压电路两端得到一电压幅值与输入脉冲的频率成反比的直流电压,该电压经电位器 R_P 分压后送入由 VT_3、VT_4 组成的施密特触发器的输入端,用来控制施密特触发器的导通和截止,通过继电器 J 来控制压缩机电磁离合器线圈电路的接通和断开。

当发动机在急速运行时,点火频率较低,经频率-电压转换电路得到的直流电压较高,施密特触发器的输入电压也较高,则 VT_3 导通,VT_4 截止,使继电器 J 触点断开,切断了电磁离合器线圈电路,压缩机不工作;当发动机转速升高到某一值时,点火频率增加,输入施密特触发器的电压下降,使 VT_4 导通,继电器 J 触点闭合,接通电磁离合器线圈电路,压缩机工作。

电位器 R_P 可用于调节施密特触发器的输入电压,以调节电磁离合器接通和断开时的发动机转速,一般接通转速为 900～1100 r/min,断开转速为 600～700 r/min。

该急速继电器还具有手动和自动两个控制挡位,当自动控制挡位出现故障时,可将开关 S 拨到手动控制挡位以应急使用。此时,继电器线圈的电流经手动开关搭铁而构成回路,压缩机的工作状态将不再受发动机转速的控制。这种控制方式曾使用在低档轿车上,目前汽车空调系统中已经很少使用。

2. 急速提高装置

为了保证在急速工况下能正常使用空调制冷系统,现代汽车通常采用在急速时加大节气门开度的方法来提高发动机的转速,使发动机在急速时带动制冷压缩机维持正常运转。

目前使用的急速提高装置有两种不同的结构形式:一种是在化油器进气腔中设置节气门位置的节气门位置控制器,另一种是电控燃油喷射系统急速控制装置。

1)节气门位置控制器

节气门位置控制器的工作原理图如图 4-11 所示。

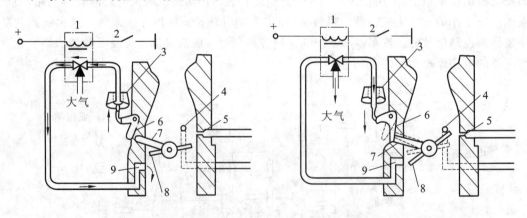

(a) 空调制冷系统不工作　　　　　　(b) 空调制冷系统工作

图 4-11 节气门位置控制器的工作原理图

1—真空转换阀;2—空调开关;3—真空驱动器;4—急速喷油孔;5—主喷油孔;
6—限位器;7—节气门控制杆;8—节气门;9—真空孔

发动机急速运行,不使用空调制冷时,真空转换阀的线圈中无电流通过,接通真空通路,真空驱动器的膜片上移,通过连杆带动限位器处于图 4-11(a)所示位置,此时,节气门可关闭到发动机正常怠速运行的位置。

使用空调制冷时,空调开关接通真空转换阀线圈电路,切断真空通路,大气压力便作用于真空驱动器膜片上方,膜片在弹簧力作用下下移,通过连杆带动限位器处于图4-11(b)所示位置,当节气门向关闭方向转动时,由于节气门控制杆被限位器限位,节气门不能全闭而开度加大,从而达到提高发动机转速的目的。这种怠速提高装置曾经广泛应用于化油器轿车的空调系统中。

2) 电控燃油喷射系统怠速控制装置

电控燃油喷射系统怠速控制装置的工作原理图如图4-12所示,它是目前普遍采用的由步进电动机带动的怠速控制装置。由图4-12可以看出,电控燃油喷射系统怠速控制装置电路中,空调工作信号是发动机ECU(电子控制单元)的重要传感器信号之一,当空调制冷系统启动,发动机ECU接收该信号后,驱动由步进电动机带动的怠速控制阀门,将怠速旁通气道开度加大,增加怠速时的进气量,使发动机转速增加,制冷压缩机正常工作。这种怠速提高装置可以根据发动机负荷变化的状况,精确地控制发动机根据空调压缩机等其他负载的运行状况稳定地工作。

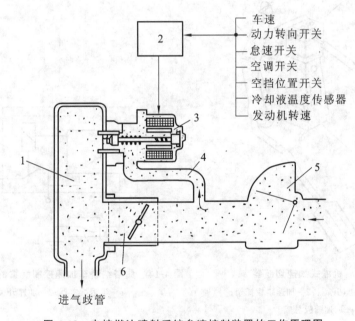

图4-12 电控燃油喷射系统怠速控制装置的工作原理图
1—稳压箱;2—发动机ECU;3—怠速控制阀门;
4—怠速旁通气道;5—空气流量计;6—节气门阀体

在中、高档轿车上还采用了节气门直动式怠速控制方式,其控制原理与前述基本相同。

(三) 加速控制装置

在现代轿车上,设有加速切断器。设置加速切断器的目的是:在汽车加速或超车时暂时切断压缩机电磁离合器电路,使发动机的全部功率用于满足车辆加速需要,同时可防止压缩机超速损坏。要实现加速切断,一是利用和节气门杠杆相连的机械开关;二是利用能感应进气歧管真空度的真空开关(此开关串联在压缩机电磁离合器电路中);三是一些电喷车利用节气门位置传感器的信号和曲轴位置传感器的信号感知发动机是否处于加速状态,由发动机电子控制单元完成压缩机电路的切断。

1. 机械式加速切断器

机械式加速切断器的开关是由加速踏板通过连杆或钢索来操纵的,当加速踏板踩到其行程的90%时,加速踏板碰到机械式加速切断器的控制簧片,机械式加速切断器将电磁离合器电源切断,压缩机停止运行,这样便卸除了压缩机的动力负荷,使发动机有足够的动力输出,实现顺利超车。当机械式加速切断器断开时,压缩机的转速被限制在最高极限转速范围内,从而保护了压缩机零部件免受损坏。机械式加速切断器如图4-13所示。

桑塔纳轿车加速控制装置由加速开关和延迟继电器组成。加速开关一般装在加速踏板下,或装在其他位置通过连杆或钢索来操纵。当加速踏板行程达到最大行程的90%时,加速开关及延迟继电器切断电磁离合器线圈电路,使压缩机停止工作,发动机的全部输出功率用来克服加速时的阻力,提高了车速。当加速踏板行程小于最大行程的90%或加速开关打开后延迟十几秒钟则自动接通电磁离合器线圈电路,使压缩机恢复工作。其工作原理图如图4-14所示。

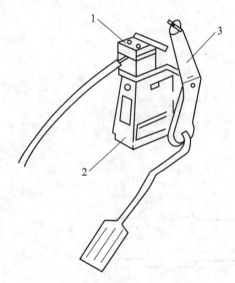
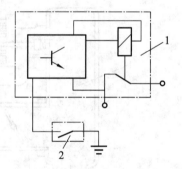

图4-13 机械式加速切断器
1—机械式加速切断器;2—加速踏板托架;
3—加速踏板总成

图4-14 桑塔纳轿车加速控制装置的工作原理图
1—延迟继电器;2—加速开关

2. 真空式加速切断器

真空式加速切断器由发动机进气歧管真空度控制,当进气歧管真空度较低(汽车处于匀速或缓慢加速状态)时,开关处于闭合状态,空调正常工作。当进气歧管真空度较大(急加速或怠速)时,真空式加速切断器内膜片使触点断开,切断电磁离合器电路,压缩机停止工作;当加速变缓、真空度下降时,弹簧推动膜片使触点闭合,空调系统恢复正常工作。

3. 车身计算机控制的加速切断

有些高级轿车上不设置专门的加速切断器,但同样具有加速切断功能。如日产风度轿车,这种车的空调加速切断是由车身计算机控制完成的。加速时,节气门位置传感器和曲轴位置传感器采集节气门开度信号和发动机转速信号,当感知出急加速状态时,车身计算机控制压缩机电磁继电器停止工作几秒钟以实现加速切断,其工作原理框图如图4-15所示。

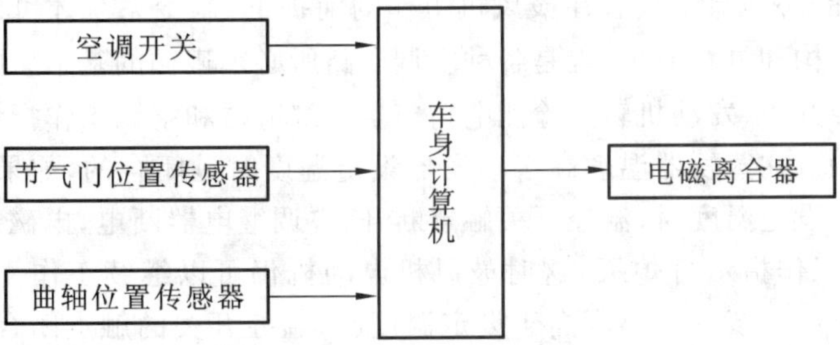

图 4-15 车身计算机控制加速切断的工作原理框图

三、汽车空调系统电路和典型汽车空调系统电路分析

汽车空调系统电路是为了保证汽车空调系统各装置相互之间协调工作,正确完成汽车空调系统的各种控制功能和各项操作,保护系统部件安全工作而设置的,是汽车空调系统的重要组成部分。汽车空调系统电路随着电子技术的应用,由普通机电控制、电子电路控制,逐步发展到微机智能控制,其功能、控制精度和保护措施得到了不断的改进和完善。

（一）汽车空调系统电路

1. 汽车空调系统基本电路

汽车空调系统的基本电路如图 4-16 所示。其工作过程如下。

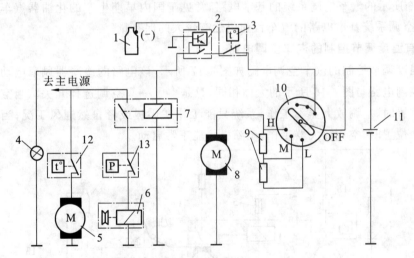

图 4-16 汽车空调系统的基本电路

1—点火线圈；2—发动机转速检测电路；3—温控开关；4—空调工作指示灯；5—冷凝器风扇电动机；
6—电磁离合器；7—空调继电器；8—蒸发器风扇电动机；9—调速电阻；10—空调及鼓风机开关；
11—蓄电池；12—冷凝器温控开关；13—压力保护开关

接通空调及鼓风机开关,电流从蓄电池流经空调及鼓风机开关后分为两路,一路通过调速电阻到蒸发器风扇（即鼓风机）电动机。由两个调速电阻组成的调速电路使鼓风机有三个运转挡位,当开关旋转至 H（高速）挡时,电流不经电阻直接到蒸发器风扇电动机,因此这时鼓风机转速最高；当开关在 M（中）挡时,电流只经一个调速电阻到蒸发器风扇电动机,因此鼓风机转速降低；当开关在 L（低速）挡时,两个调速电阻串入鼓风机电路,故这时鼓风机的转速最低。由于汽车空调制冷系统工作时,要及时给蒸发器送风,防止其表面结冰,所以空调系统电路的设计,必须保证只有在鼓风机工作的前提下,制冷系统才可以启动,上述空调及鼓风机开关的结构和电路原理,也是各种空调电路所必须遵循的基本原则。

另一路经温控开关、发动机转速检测电路与空调继电器和空调工作指示灯构成回路。

温控开关的触点在蒸发器温度高于蒸发器设定温度时是闭合的,如果由于空调的工作使蒸发器温度低于设定温度时,温控开关触点断开,空调继电器断电,电磁离合器断电,压缩机停止工作,空调工作指示灯熄灭,这时鼓风机电动机仍可以继续工作。压缩机停止工作后,蒸发器温度上升,当蒸发器温度高于设定温度时,温控开关的触点闭合,压缩机工作,使蒸发器温度控制在设定的温度范围内,保证系统的正常工作。

为了保证空调系统更好地工作,空调系统电路还设置了发动机转速检测电路,其作用是只有当发动机转速高于 900 r/min 时,才接通空调电路。在发动机怠速和低于此转速运行时,自动切断空调继电器电路,使空调无法启动,保证了发动机的正常怠速工况。发动机转速检测电路的转速信号取自点火线圈。

为了加强冷凝器的冷却效果,汽车空调系统设置了专用的冷凝器风扇,由冷凝器风扇电动机驱动。它的工作受冷凝器温控开关控制,当冷凝器表面温度高于设定值时,自动接通冷凝器风扇电动机电路,使冷凝器强迫冷却。注意,冷凝器风扇电动机的工作不受空调开关的控制,所以在汽车空调停止运行时,它也可能启动运转,这在检修和测试系统时要格外注意。

电路中还设置了压力保护开关,其作用是防止系统超压工作,通常使用的是高低压组合保护开关,当系统压力异常时,自动切断压缩机电磁离合器电路,防止系统部件损坏。

图 4-16 所示的汽车空调系统的基本电路,常见于国内早期生产的化油器汽车的空调系统,采用该空调系统基本电路的汽车目前仍然有较大的保有量。

2. 具有温度调节控制的汽车空调电路

具有温度调节控制的汽车空调电路如图 4-17 所示,该电路的冷凝器风扇电动机和鼓风机电动机控制电路与图 4-16 所示的大体相同,只是多了一只空调选择开关。当空调选择开关在供暖位置时,空调放大器不工作,系统只能工作在供暖或者自然通风工况;当空调选择开关在制冷位置时,空调放大器工作,压缩机才能正常启动。

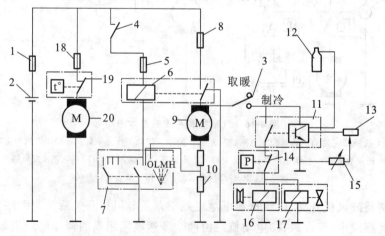

图 4-17 具有温度调节控制的汽车空调电路

1、5、8、18—熔断器;2—蓄电池;3—空调选择开关;4—点火开关;6—空调继电器;7—鼓风机调速开关;
9—蒸发器风扇电动机;10—调速电阻;11—空调放大器;12—点火线圈;13—温度设定电阻;14—压力保护开关;
15—热敏电阻;16—电磁离合器;17—怠速提升装置;19—温控开关;20—冷凝器风扇电动机

该电路的空调放大器设计有用于环境温度检测的热敏电阻,并与温度设定电阻串联,作为对温度的控制机构。当通过温度设定电阻设定好所需参数(温度值)后,空调放大器将设定值与热敏电阻的检测值进行比较,当环境温度高于设定值时,空调放大器接通电磁离合器电路,使制冷系统工作;反之,制冷系统停止工作。该汽车空调电路具有对汽车内温度进行调节和自动工作的功能。

(二)典型汽车空调系统电路分析

1. 桑塔纳轿车空调系统电路分析

图 4-18 所示为桑塔纳轿车空调系统电路,它由电源电路、电磁离合器控制电路、鼓风机控制电路和冷凝器风扇电动机控制电路等组成,是一种典型的机械手电气控制的空调系统电路。

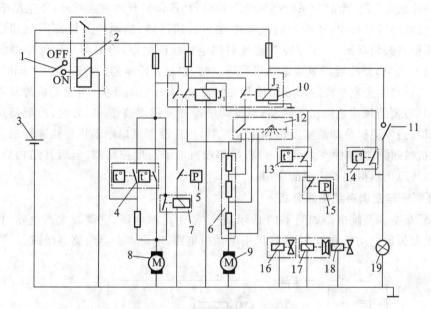

图 4-18 桑塔纳轿车空调系统电路

1—点火开关;2—空调主继电器;3—蓄电池;4—冷凝器温控开关;5—高压保护开关;
6—调速电阻;7—冷凝器风扇继电器;8—冷凝器风扇电动机;9—蒸发器风扇电动机;10—空调继电器组;
11—空调开关;12—鼓风机开关;13—蒸发器温控开关;14—环境温度开关;15—低压保护开关;
16—怠速提升装置;17—电磁离合器;18—新鲜/循环空气电磁阀;19—空调工作指示灯

桑塔纳轿车空调系统电路的工作原理如下。

(1)点火开关处于"OFF"(断开)位置时,空调主继电器的线圈电路切断,触点断开,空调系统不工作。

(2)点火开关处于"ON"(接通)位置时,空调主继电器的线圈电路接通,触点闭合,空调继电器组中的线圈 J2 通电,接通鼓风机电路,此时可由鼓风机开关进行调速,使鼓风机按要求的转速运转,进行强制通风、换气或送出暖风。

(3)当外界气温高于 10 ℃时,允许使用空调制冷系统。当需要其工作时,按下空调开关,空调工作指示灯亮,表示空调系统电路已经接通。此时,电源经空调开关、环境温度开关可接通下列电路。

① 接通新鲜/循环空气电磁阀电路,该阀真空驱动器作用,使新鲜空气进口关闭,制冷

系统进入空气内循环工况。

② 经蒸发器温控开关、低压保护开关对压缩机电磁离合器线圈供电,常闭型低压保护开关串联在蒸发器温控开关和电磁离合器之间,当缺少制冷剂使制冷系统压力过低时,低压保护开关断开,压缩机停止工作。同时,电源还经蒸发器温控开关接通化油器的怠速提升真空转换阀电路,提高发动机的转速,保证发动机稳定工作,满足空调动力源的需要。

③ 对空调继电器组中的线圈 J1 供电,使其两对触点同时闭合,其中一对触点接通蒸发器风扇电路,它保证只要空调制冷开关一旦按下,无论鼓风机开关在什么位置,蒸发器风扇电动机都至少运行在低速工况,以防止蒸发器表面结冰,影响系统的正常工作。

另一对触点接通冷凝器风扇控制电路,它与高压保护开关、冷凝器温控开关共同组成系统温度-压力保护电路,其工作过程是:高压保护开关串联在冷凝器风扇继电器和空调继电器 J1 的一对触点之间,当制冷系统高压值正常时,高压保护开关触点断开,将电阻 R 串接入冷凝器风扇电动机电路中,使冷凝器风扇电动机低速运转;当制冷系统高压值超过规定值时,高压保护开关触点闭合,接通冷凝器风扇继电器线圈电路,冷凝器风扇继电器的触点闭合,将电阻 R 短路,使冷凝器风扇电动机高速运转,以增强冷凝器的冷却能力。同时,冷凝器风扇电动机还直接受发动机冷却液温控开关的控制:不开空调开关,当发动机冷却液温度低于 95 ℃时,冷凝器风扇电动机不转动;当发动机冷却液温度高于 95 ℃时,冷凝器风扇电动机低速转动;当发动机冷却液温度达到 105 ℃时,则冷凝器风扇电动机将高速转动。

这类机械-电气控制的空调系统电路,虽然没有电子温度控制器,但因其结构简单、电路器件可靠,所以仍然得到了广泛的应用。

2. 夏利轿车空调系统电路分析

夏利轿车空调系统电路如图 4-19 所示,它主要由电源电路、空调放大器电路、怠速提升装置、蒸发器风扇电动机电路、冷凝器风扇电动机电路、电磁离合器电路等组成。

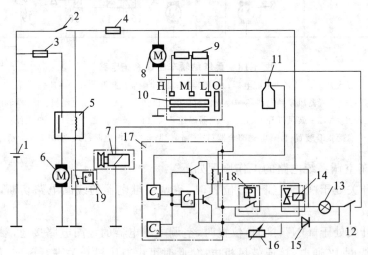

图 4-19 夏利轿车空调系统电路

1—蓄电池;2—点火开关;3、4—熔断器;5—空调继电器;6—冷凝器风扇电动机;
7—电磁离合器;8—蒸发器风扇电动机;9—调速电阻;10—鼓风机调速开关;11—点火线圈;
12—空调开关;13—空调工作指示灯;14—怠速提升装置;15—二极管;16—热敏电阻;
17—空调放大器;18—压力保护开关;19—温控开关

夏利轿车空调系统电路的工作原理如下。

1) 电源电路

电流从蓄电池正极→点火开关→熔断器→空调放大器→二极管→空调开关→调速开关→搭铁→蓄电池负极，构成回路。空调制冷系统的工作前提是：鼓风机调速开关必须由"OFF"位置旋转至工作状态。此时按下空调开关，在工作条件允许的情况下，系统制冷，空调工作指示灯点亮。鼓风机调速开关和空调开关是"与逻辑"的工作关系。

2) 空调放大器

空调放大器是制冷系统控制的核心，空调放大器的输入信号是将感测到的发动机转速和蒸发器出口空气温度两项参数转化而成的电信号。发动机转速参数被转化为脉冲信号，蒸发器出口空气温度参数转化为电阻信号。当脉冲信号的频率过低或者电阻值过高时（对应低转速或低温状态），空调放大器均会使空调继电器断开，压缩机停止工作；当脉冲信号的频率及电阻值适当时（对应发动机的转速高于 1200 r/min，蒸发器出口空气温度高于 4 ℃），空调放大器接通空调继电器线圈电路，在系统压力符合工作条件时，压缩机电磁离合器线圈电路接通，制冷系统工作。

在这里，发动机转速和蒸发器出口空气温度两项参数，对于空调放大器来说，亦是"与逻辑"的工作关系。

3) 怠速提升装置

怠速提升装置由真空电磁阀（也称为 VSV 阀）和执行机构组成，执行机构分为以下两种，其分别适用于化油器式发动机车型及电控燃油喷射式发动机车型。

(1) 节气门开度控制器结构。

节气门开度控制器结构适用于化油器式发动机车型，当空调开关接通后，真空电磁阀的线圈通电，进气歧管的负压经过 VSV 阀导入节气门开度控制器膜罐的上腔内，在上、下腔压差的作用下，橡胶膜片克服弹簧力产生位移使节气门开度控制器上的支臂带动节气门臂运动，增加节气门开度，故而使发动机怠速转速提高。控制器上的支臂与节气门臂间的预紧力可以通过调整螺栓进行调节，进而控制空调怠速转速值。节气门开度控制器控制原理如图4-20 所示。

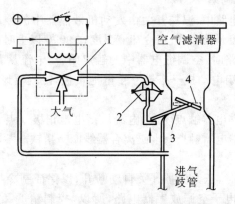

图 4-20 节气门开度控制器控制原理

1—VSV 阀；2—节气门开度控制器；3—节气门臂；4—节气门

(2) 空气旁通式结构。

空气旁通式结构适用于电控燃油喷射式发动机车型，其控制原理如图 4-21 所示。

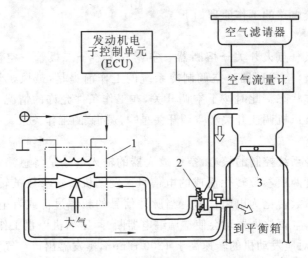

图 4-21 空气旁通式结构控制原理
1—VSV 阀；2—膜片分总成；3—节气门

当空调开关接通后，VSV 阀线圈通电，进气歧管的负压通过 VSV 阀导入膜片分总成内，使膜片产生位移，从而使一股空气不需经过 VSV 阀而旁通到平衡箱内，此时发动机电子控制单元（ECU）会根据旁通空气流量的大小来增加燃油喷射量，使发动机怠速转速提高。

VSV 阀受空调放大器的控制，只有在环境温度大于 4 ℃时，怠速提升装置才能工作。

4）蒸发器风扇电动机调速电路

电流从蓄电池正极→点火开关→熔断器→蒸发器风扇电动机→鼓风机调速开关→搭铁→蓄电池负极。

调速开关有四个位置：当调速开关置于空挡"O"位置时，则电路不通；当调速开关置于其他位置时，则电流从蒸发器风扇电动机至调速电阻，根据使用要求，鼓风机按照不同转速工作。

夏利轿车的鼓风机在工作时，可以吹出暖风或者吹出冷风，也可以自然通风，其关键在于制冷、供暖、通风中的哪一部分在工作。所以在夏利轿车的空调系统中，鼓风机是独立工作的，但只有鼓风机工作时，空调制冷开关才能起作用。

5）冷凝器风扇电动机电路

在冷凝器风扇电动机电路中，温控开关由发动机散热器中的冷却液温度来控制。当冷却液温度在 83 ℃以下时，温控开关断开；当冷却液温度在 90 ℃以上时，温控开关闭合，该电路形成通路。上述电路形成通路时，空调继电器中的触点闭合，电流从蓄电池正极→熔断器→空调继电器触点→冷凝器风扇电动机→搭铁→蓄电池负极，冷凝器风扇电动机开始运转。

6）电磁离合器电路

由于空调放大器内部继电器触点闭合，电流从蓄电池正极→点火开关→熔断器→压力保护开关→空调放大器内部继电器触点→电磁离合器线圈→搭铁→蓄电池负极，压缩机运转。

7）压力保护开关

当制动系统压力过低时，压力保护开关自动断开，以保证制冷系统正常工作。

夏利轿车由于采用了电子空调放大器电路，所以，控制精度和可靠性得到了提高，这种控制方式在中、低档轿车中有普遍的应用。

【专业知识拓展】

鼓风机转速的自动控制。

自动空调控制电路如图4-22所示。

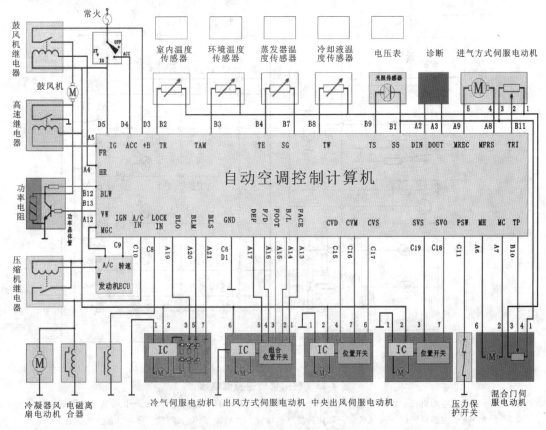

图 4-22　自动空调控制电路

鼓风机转速控制电路由鼓风机转速控制开关电路和冷却液温度控制开关电路构成，如图4-23所示。鼓风机转速控制开关包括自动空调放大器、鼓风机电阻器和功率晶体管。功率晶体管根据来自空调放大器的BLW端子的鼓风机驱动信号，改变流至鼓风机电动机的电流，从而改变鼓风机转速。功率晶体管有一个熔点为114℃的熔断器，以保护功率晶体管不致因过热而损坏。冷却液温度控制开关电路是由冷却液温度传感器感知发动机冷却液温度，进行发动机预热控制的。

鼓风机是根据TAO值实现转速的自动控制的。

"AUTO"（自动）开关位于供暖装置控制板上，当这个开关接通时，自动空调放大器根据TAO的电流强度控制鼓风机转速。鼓风机转速与TAO值的关系如图4-24所示。

1）低速运转

如图4-25所示，"AUTO"开关位于供暖装置控制板上。当这个开关接通时，安装在自动空调放大器内的电子控制单元接通TR_1，启动供暖装置继电器。这使电流从蓄电池流至供暖装置继电器，然后流至鼓风机电动机，再流至鼓风机电阻器，后接地。这样，就使鼓风机电动机低速运转。同时"AUTO"（自动）和"LO"（低速）指示灯亮。

2）变速运转

如图4-26所示，当"AUTO"开关接通时，与低速控制时一样，启动供暖装置继电器。安装在自动空调放大器内的电子控制单元，将从TAO值计算所得的鼓风机驱动信号，经BLW

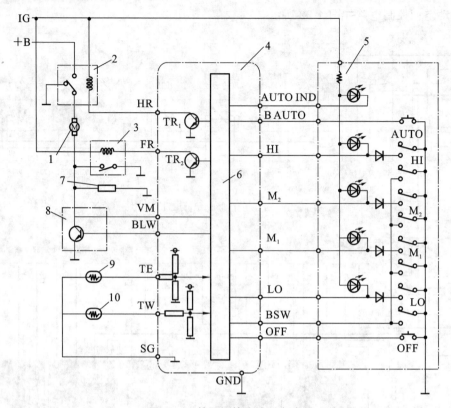

图 4-23 鼓风机转速控制电路

1—鼓风机电动机；2—供暖装置继电器；3—鼓风机继电器；4—自动空调放大器；5—供暖装置控制板；
6—电子控制单元；7—鼓风机电阻器；8—功率晶体管；9—蒸发器传感器；10—冷却液温度传感器

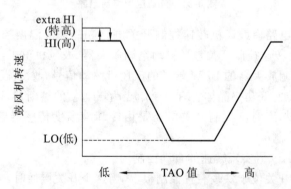

图 4-24 鼓风机转速与 TAO 值的关系

端子输出至功率晶体管。于是，电流从蓄电池流至供暖装置继电器，然后至鼓风机电动机，再流至功率晶体管和鼓风机电阻器后接地。这样，就使鼓风机电动机以相应于鼓风机驱动信号的转速运转。同时"AUTO"指示灯点亮，"LO"（低速）、"M_1"（中速 1）、"M_2"（中速 2）、HI（高速）指示灯也根据情况发亮。

从功率晶体管进入自动空调放大器的 VM 端子的信号，是反映鼓风机实际转速的信号。电子控制单元参考这个信号校正鼓风机驱动信号。

3）特高速度运转

如图 4-27 所示，当"AUTO"开关接通时，允许安装在自动空调放大器内的电子控制单

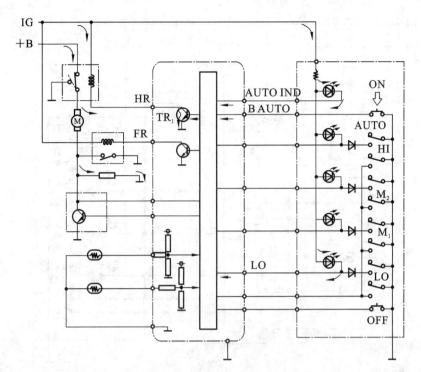

图 4-25 鼓风机低速运转电路

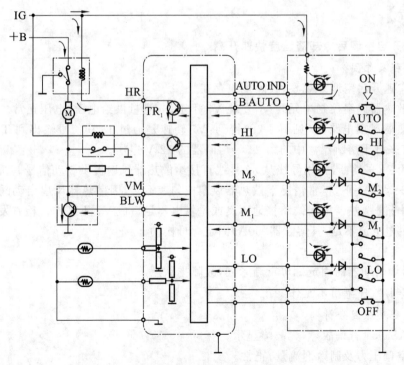

图 4-26 鼓风机变速运转电路

元接通 TR_1 和 TR_2，驱动供暖装置继电器和鼓风机继电器。于是，电流从蓄电池流至供暖装置继电器，然后至鼓风机电动机，再至鼓风机继电器后接地。这样，就使鼓风机电动机以特高速度运转。同时，"AUTO"和"HI"指示灯亮。

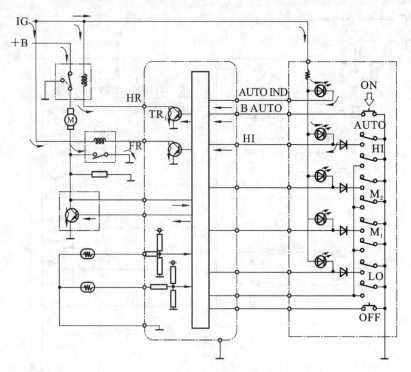

图 4-27 鼓风机特高速度运转电路

【案例分析】

1. 行驶中开启空调后冷却液温度快速升高

1）检查过程及原因分析

（1）原地急速开启空调并观察，故障现象存在。

（2）检查散热器风扇控制单元线束，发现 V7 不工作，测量供给电压，电压正常。

（3）查散热器风扇电路图（见图 4-28）得到：V7 转速是通过 J220 信号输出到 T4x/3 控制的；T4x/2 有来自熔断器盒中的第 24 号熔断器的 12 V 电压。

（4）拔下第 24 号熔断器，用导线从 30 号线直接给散热器风扇提供驱动信号。桥接时发现散热器风扇只动了一下，正常情况下散热器风扇应匀速运转，因散热器风扇启动瞬间需大电流，由此可判断是散热器风扇线路接地不良或是供电不足造成 V7 不工作。检查发现接地正常，30 号线供电电流不足，其熔断器（50A）固定螺母松动。

2）解决方案

松开 30 号线熔断器的固定螺母重新紧固，故障排除。

2. 空调不制冷、压缩机不工作

1）检查过程及原因分析

（1）用 VAS5051 查询故障，无故障显示。

（2）检查空调压力及制冷剂流量，正常。

（3）检查空调压缩机调节阀 N280。拔下 N280 插头，检查电压：打开电门，电压为 4.45 V；打开空调开关，电压从 4.45 V 上升到 13.4 V，开关信号正常。测量 N280 电阻：电阻值为 12 Ω，正常。

（4）用 VAS5051 查询，无故障，空调压缩机调节阀 N280 电阻值正常，供电正常，说明空调电

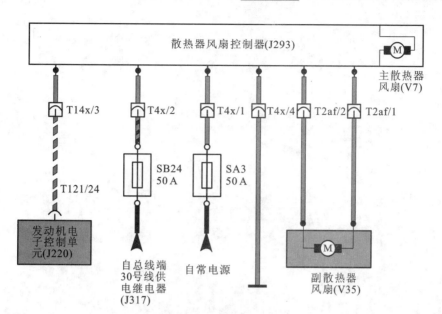

图 4-28 散热器风扇电路图

子控制单元和 N280 都没问题。故障部位可能在压缩机,制冷剂不纯也可导致压缩机不工作。

(5)放出原车制冷剂,抽真空,重新加入原厂制冷剂,空调仍然不工作。

(6)拆下压缩机,拆开多楔带轮内的过载保护盘,发现过载保护盘与轴的连接处断裂(见图 4-29),致使压缩机不能吸合,造成压缩机不工作,空调不制冷。

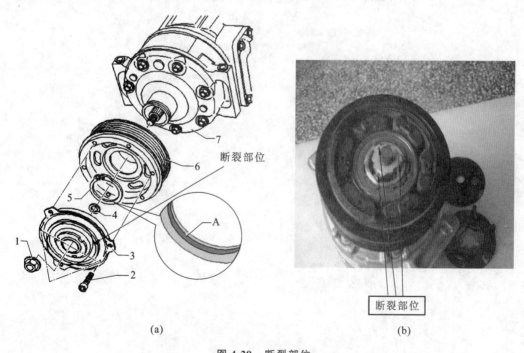

图 4-29 断裂部位

1—六角螺母;2—螺栓;3—过载保护盘;4—垫圈;5—卡簧;6—多楔带轮;7—空调压缩机

2)故障处理

更换空调压缩机后,故障排除。

学习任务 5
汽车空调无暖气故障检修

◀ **任务要求**

完成本学习任务后,你应该能够:

(1) 正确完成企业维修接待任务;

(2) 正确描述汽车空调供暖系统的类型及结构组成;

(3) 正确理解空调供暖系统的工作原理;

(4) 正确进行热水阀的拆装与检修;

(5) 正确进行配气系统的拆装和检修;

(6) 正确识别汽车空调供暖系统常见故障,并完成检修作业;

(7) 正确完成企业标准验收任务,评价和反馈工作过程,完成任务工单。

【情景导入】

一辆凌志 LS400 轿车行驶总里程数为 6.5 万公里时,发现汽车空调无暖气,且空调故障警告灯长亮。

【背景知识】

相对封闭的汽车车厢内,只有温度的调节是不能满足舒适度要求的,它不但需要有新鲜空气的补充,还要对狭小的车厢内部空间的气流进行调配,汽车空调通风装置、空气净化装置、供暖系统与配气系统就是完成上述任务的重要组成部分。

一、汽车空调通风装置与空气净化装置

(一)通风装置

为了健康和舒适,汽车车厢内的空气要符合一定的卫生标准,这需要输入一定量的新鲜空气。新鲜空气的配送量除了考虑人们因呼吸排出的二氧化碳、蒸发的汗液、吸烟,以及从车外进入的灰尘、花粉等污染物外,还必须考虑造成车内空气正压和局部排气所需的风量。将新鲜空气送进车内,取代污浊空气的过程,称为通风。

新鲜空气进入量必须大于排出和泄漏的空气量,才能保持车内空气压力略大于车外空气压力。保持车内空气正压的目的是防止外界空气不经空调装置直接进入车内并防止热空气溢出,以及避免发动机废气通过回风道进入车内,污染车内空气。

因此,对车厢进行通风换气以及对车内空气进行过滤、净化是十分必要的,通风装置和空气净化装置也是汽车空调系统的重要组成部分。

根据我国对轿车、客车的空调新鲜空气要求,换气量按人体卫生标准最低不少于 $20 \text{ m}^3/(\text{h} \cdot \text{人})$,且车内的 CO_2 的体积分数一般应控制在 0.03% 以下,风速在 0.2 m/s 左右。

汽车空调的通风方式一般有动压通风、强制通风和综合通风三种。

1. 动压通风

动压通风也称自然通风,它是利用汽车行驶时对车身外部所产生的风压为动力,在适当的地方开设进风口和排风口,以实现车内通风换气的。

进、排风口的位置决定于汽车行驶时车身外表面的风压分布状况和车身的结构形式。进风口应设置在正风压区,并且离地面尽可能地高,以免引入汽车行驶时扬起的带有尘土的空气。排风口则应设置在汽车车厢后部的负压区,并且应尽量加大排风口的有效流通面积,提高排风效果,还必须注意防止灰尘、噪声以及雨水的侵入。

图 5-1 所示是用普通轿车车身的模型进行风洞试验所得的表面压力分布图。由图可见,车身外部大多受到负压,只有车前及前风窗玻璃周围为主要正压区。因此,轿车的进风口设在前风窗玻璃的下部,而且此处设有进气阀门和内循环空气阀门,用来控制新鲜空气的流量。一般在空调系统刚启动,而且车内外温差较大时,关闭外循环气道,采用内循环方式工作,这样可以尽快降低车内温度。排风口设置在轿车尾部的负压区。动压通风时车内空气的流动如图 5-2 所示。

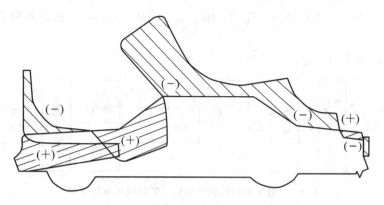

图 5-1 普通轿车车身表面风压分布

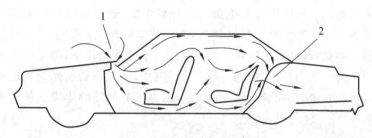

图 5-2 动压通风时车内空气的流动
1—进风口；2—排风口

由于动压通风不消耗动力，且结构简单，通风效果也较好，因此，轿车大都设有动压通风口。

2. 强制通风

强制通风是利用鼓风机强制将车外空气送入车厢内进行通风换气的。这种方式需要能源和通风设备，在冷暖一体化的汽车空调上，大多采用通风、供暖和制冷的联合装置，将外界空气与空调冷暖空气混合后送入车内，此种通风装置常见于高级轿车和豪华旅行车上。

3. 综合通风

综合通风是指一辆汽车上同时采用动压通风和强制通风。采用综合通风系统的汽车比单独采用强制通风或动力通风的汽车结构要复杂得多。最简单的综合通风系统是在动力通风的车身基础上，安装强制通风装置，根据需要可分别使用和同时使用。这样，基本上能满足各种气候条件下的通风换气要求。

综合通风系统虽然结构复杂，但省电，经济性好，运行成本低。特别是在春秋季节，用动压通风导入凉爽的外界空气，以取代制冷系统工作，同样可以满足舒适性要求。综合通风近年来在汽车上的应用逐渐增多。

（二）空气净化装置

汽车空调系统采用的空气净化装置通常有空气过滤式和静电集尘式两种。前者是在空调系统的送风口和回风口处设置空气滤清装置，它仅能滤除空气中的灰尘和杂物，因此结构简单，只需定期清理过滤网上的灰尘和杂物即可，故广泛用于各种汽车空调系统中。后者则是在送风口的过滤器后再设置一套静电集尘装置或单独安装一套用于净化车内空气的静电集尘装置。它除具有过滤和吸附烟尘等微小颗粒杂质的作用外，还具有除臭、杀菌、产生负离子以使车内空气更为新鲜洁净的作用。由于其结构复杂,成本高,所以只用于高级轿车和旅行车上。

图 5-3 所示为静电集尘式空气净化装置的空气净化过程。

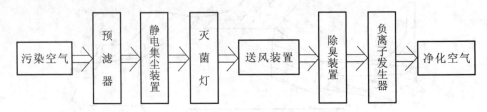

图 5-3 静电集尘式空气净化装置的空气净化过程

预滤器用于过滤大颗粒的杂质。

静电集尘装置则以静电集尘方式把微小的颗粒尘埃、烟灰及汽车排出的气体中含有的微粒吸附在集尘板上。其工作原理是这样的:高压放电时产生的加速离子通过热扩散或相互碰撞而使浮游尘埃颗粒带电,然后在高压电场中库仑力的作用下,带电的浮游尘埃颗粒克服空气的阻力而吸附在集尘板上,如图 5-4 所示。其中,图 5-4(a)所示是放电电极流出的辉光电流使浮游尘埃颗粒带电的状况,图 5-4(b)所示为带电的浮游尘埃颗粒向集尘板运动的状况。

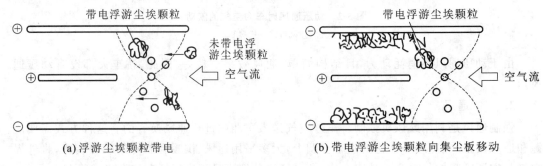

(a) 浮游尘埃颗粒带电　　　　　　　　　(b) 带电浮游尘埃颗粒向集尘板移动

图 5-4 静电集尘装置的工作原理

灭菌灯用于杀死吸附在集尘板上的细菌,它是一只低压水银放电管,能发射波长为 353.7 nm 的紫外线,其杀菌能力约为太阳光的 15 倍。

除臭装置用于除去车厢内油料及烟雾等的气味,一般采用活性炭过滤器、纤维式空气过滤器或滤纸式空气过滤器来吸附烟尘和臭气等气体。

图 5-5 所示为实用的静电集尘式空气净化装置结构示意图,它通常安装在制冷、采暖采用内循环方式的大客车上,采用这种装置净化后的空气清洁度很高,可以充分满足汽车对舒适性的要求。

二、汽车空调供暖系统

(一) 汽车空调供暖系统的主要作用与分类

汽车空调供暖系统是将新鲜空气送入热交换器,吸收汽车热源的热量,从而提高空气的温度,并将热空气送入车内的装置。

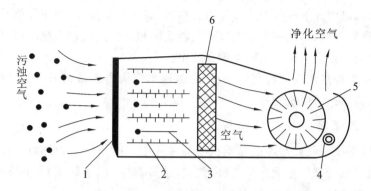

图 5-5　实用的静电集尘式空气净化装置结构示意图
1—预滤器；2—集尘板；3—放电电极；4—负离子发生器；5—风机；6—活性炭过滤器

1. 汽车空调供暖系统的主要作用

汽车空调供暖系统的主要作用如下。

（1）加热器和蒸发器一起将冷、热空气调节到人所需要的舒适温度。现代汽车空调已经发展到冷暖一体化的水平，可以全年地对车厢内的空气温度进行调节。

（2）冬季供暖。冬天由于天气寒冷，人在运动的汽车内会感到更寒冷。这时，汽车空调供暖系统可以向车内提供暖气，以提高车厢内的温度，使乘员感觉舒适。

（3）车窗玻璃除霜、除雾。冬季或者春秋季节，室内外温差较大，车窗玻璃会结霜或起雾，影响驾驶员和乘员的视线，不利于行车安全，这时可以用热风除霜和除雾。

2. 汽车空调供暖系统的分类

汽车空调供暖系统的种类很多，具体分类如下。

1）根据热源分类

汽车空调供暖系统根据热源可分为以下几类。

（1）利用发动机冷却液的热量进行供暖的，称为水暖式供暖系统，这种形式多用于轿车、大型货车及供暖要求不高的大客车上。

（2）利用发动机排气系统的热量进行供暖的，称为气暖式供暖系统，这种形式多用于风冷式发动机汽车和有特殊要求的汽车上。

（3）装有专门的燃烧机构的，称为独立燃烧式供暖系统，这种形式多用在大客车上。

（4）既利用发动机冷却液的热量，又装有燃烧机构的综合加热装置，称为综合预热式供暖系统，这种形式多用于豪华大客车上。

2）根据空气循环方式分类

根据空气循环方式，汽车空调供暖系统可分为以下几类。

（1）内气式（又称内循环式）供暖系统：是指利用车内空气循环，将车厢内部的空气（用过的）作为载热体，让其通过热交换器升温，使升温后的空气再进入车厢内供暖的供暖系统。这种方式消耗热能少，升温快，但从卫生标准看，是最不理想的。

（2）外气式（又称外循环式）供暖系统：是指利用车外空气循环，全部使用车外新鲜空气作为载热体，让其通过热交换器升温，使升温后的空气再进入车厢内供暖的供暖系统。从卫生标准看，外气式供暖系统是最理想的，但消耗热能也最多，初始升温慢，经济性较差。

（3）内外气并用式（又称内外混合式）供暖系统：是指既引进车外新鲜空气，又利用部分车内的原有空气,以内外空气的混合体作为载热体,通过热交换器,向车厢供暖的供暖系统。从卫生标准和热能消耗看,正好介于内气式供暖系统和外气式供暖系统之间,但此种方式控制比较复杂,多应用在高档轿车自动空调系统中。

不论是利用何种热源与何种空气循环方式,汽车空调供暖系统都是通过热交换器将热量传递给空气,并通过鼓风机把热空气送入车厢的。

(二)水暖式供暖系统的结构与工作原理

水暖式供暖系统一般以水冷式发动机冷却系统中的冷却液作为热源,将冷却液引入热交换器中,使鼓风机送来的车厢内空气(内气式)或外部空气(外气式)与热交换器中的冷却液进行热交换,鼓风机将加热后的空气送入车厢内。

轿车、载货汽车和中小型客车,需要的热量较少,可以用发动机冷却液的余热来直接供暖。水暖式供暖系统结构简单,使用安全,运行经济,但其缺点是热量较小,受汽车运行工况的影响,发动机停止运行时,即没有暖气提供。

水暖式供暖系统如图 5-6 所示,其工作原理如下。

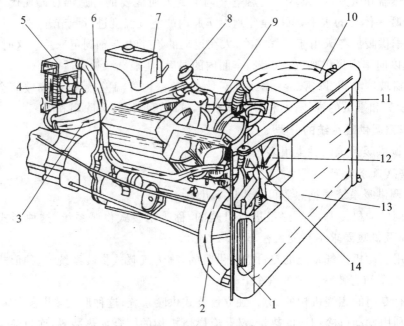

图 5-6 水暖式供暖系统

1—溢流管;2—回液管;3—热交换器送水管;4—鼓风机;5—热交换器芯;
6—热交换器出水管;7—溢流罐(副水箱);8—热水开关;9—发动机;
10—出液管;11—节温器;12—散热风扇;13—散热器;14—水泵

从发动机出来的冷却液经过节温器,在温度达到 80 ℃时,节温器开启,让发动机冷却液流到供暖系统的热交换器芯。在节温器和热交换器之间设置了一个热水开关,用来控制热水的流动。冷却液的另一部分流到散热器。冷却液在热交换器中散热,加热周围的空气,热空气被鼓风机送到车内。冷却液从热交换器出来,在水泵的泵吸下,又重新进入发动机的散热器内,冷却发动机,完成一次供暖循环。

热交换器的结构形式目前主要有管片式和管带式两种。管带式热交换器散热效率高、体积小、重量轻,但其制造工艺要复杂些;现在用得最多的还是管片式热交换器,可以采取减小管壁厚度、在散热翅片上开槽等措施,提高其传热效率。

水暖式供暖系统的主要部件——水暖式暖风机分为独立式暖风机和整体式空调器两种。图5-7所示为独立式暖风机,它由热交换器、鼓风机及壳体等组成。壳体上有吹向脚部、前部的出风口及吹向车窗起除霜作用的出风口。此种结构通常用于普通轿车、货车和小型客车的汽车空调供暖系统。

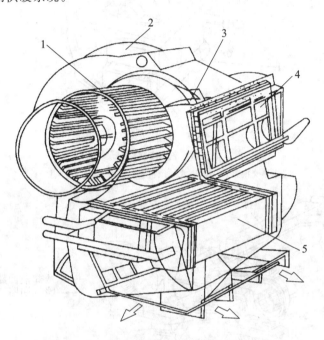

图5-7 独立式暖风机
1—鼓风机叶轮;2—壳体;3—电动机;4—调节风门;5—热交换器

整体式空调器如图5-8所示,它将热交换器和蒸发器组装在一个箱体内,共用一个鼓风机和壳体,大多数高级豪华轿车的空调系统采用这种结构形式。

图5-9所示为水暖式内外混合循环供暖系统。由外部空气吸入口吸进新鲜空气,内部空气吸入口吸入内部空气,它们在混合室混合后,由鼓风机送入热交换器的空气侧,热交换器内侧由发动机冷却液提供热源,混合气体被加热后被送往前座脚部,通过前窗除霜连接管、侧窗除霜连接管输送到前窗、侧窗除霜或除雾。这种结构供暖效果较好,一般用在中、高档轿车上。

(三)气暖式供暖系统的结构与工作原理

水暖式供暖系统的优点是供热可靠,不另需燃料,并且使用较安全;其缺点是采暖必须在发动机冷却液温度上升到一定值时才能进行,在寒冷季节供暖量显得有些不足,甚至导致发动机过冷,严重时会影响其正常工作。对于一些大型客车,仅依靠水暖式供暖系统难以满足取暖要求,因此必须采取其他供暖方法。

气暖式供暖系统是利用发动机的排气余热进行车厢供暖的。在汽油发动机中,发动机排气带走的热量约占36%,在柴油发动机中,则占30%左右。气暖式供暖系统是最早采用

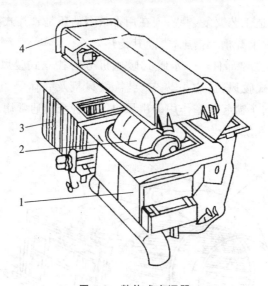

图 5-8 整体式空调器

1—热交换器；2—轴流式鼓风机；3—蒸发器；4—进风口

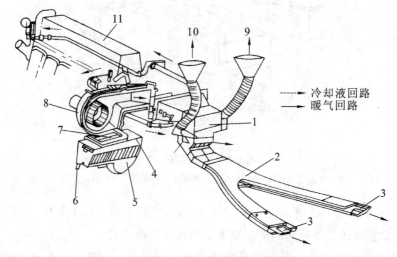

图 5-9 水暖式内外混合循环供暖系统

1—热交换器；2—后座导管；3—管道；4—混合室；5—内部空气吸入口；6—风门操纵杆；
7—外部空气吸入口；8—鼓风机；9—前窗除霜连接管；10—侧窗除霜连接管；11—发动机

的空调供暖系统之一，它的排气管通过驾驶室直接供暖，北方寒冷地带的长途客车大多采用气暖式供暖系统。

气暖式供暖系统通常将热交换器铸成带散热翅片的管子，装在发动机排气管上，其内腔作排气管用，其外侧加热空气并将热空气送到车厢内进行供暖。气暖式供暖系统热交换器的结构如图 5-10 所示。

气暖式供暖系统示意图如图 5-11 所示。它是在发动机的排气管上安装一个热交换器来加热空气的。工作时，将通往消声器的阀门关闭，汽车废气就进入热交换器内，用于加热热交换器外的冷空气，冷空气通过热交换器吸收热量后温度升高，由鼓风机吹入车厢内用于采暖和除霜。

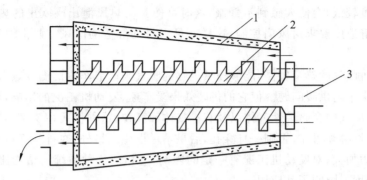

图 5-10　气暖式供暖系统热交换器的结构

1—空气保温管；2—热变换器；3—排气管

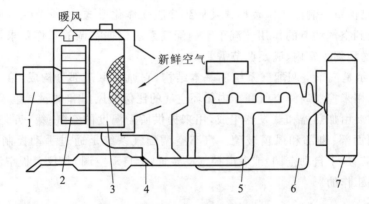

图 5-11　气暖式供暖系统示意图

1—鼓风机电动机；2—鼓风机；3—热交换器；4—废气阀门；5—发动机排气管；6—发动机；7—散热器

图 5-12 所示为气暖式供暖系统的布置图。热交换器接在发动机后，由进气管将混合空气引入热交换器内加热，加热的空气通过排热风管，由鼓风机送入车厢内供暖。

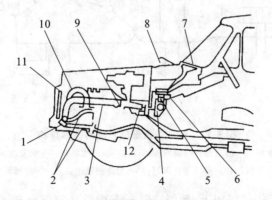

图 5-12　气暖式供暖系统的布置图

1—热交换器；2—专用排气管；3—排热风管；4—转换阀；5—鼓风机；6—鼓风机电动机；
7—除霜器；8—通风口；9—(夏季用)热风泄出阀；10—进气管；11—挡风栅；12—截止阀

通过控制板可改变风门位置，使部分热风进入除霜器，对车前窗玻璃进行除霜。若需要，可通过专用排气管对后窗玻璃、侧窗玻璃、脚部等部位供暖。夏季空调制冷时，从蒸发器吹出的冷风温度较低,会使人感到不舒服,这时可使其与热风泄出阀吹出的热风相混合,混合比例可根据舒适度要求由风门控制,这样就可以得到舒适的凉风。截止阀是用来关闭热风的。

由于发动机废气的热量较高,能够提供足够的暖气来调节车内的温度,所以特别适合北方寒冷地区解决车内供暖问题。但它的供暖效果受车速、发动机工况的影响,供暖温度不稳定。其次,由于废气中含腐蚀性气体以及有毒气体和微粒,这种供暖系统必须采用耐腐蚀材料,连接的密封性必须可靠,否则一旦穿孔,后果不堪设想。另外,在排气管道中加装的热交换器使排气阻力加大,对发动机工况有一定的影响。而且,这种系统的结构比较复杂,体积较大,在一定程度上限制了其应用。

三、汽车空调配气系统

汽车空调已由单一制冷或供暖形式发展到冷暖一体化形式,由季节性空调发展到全年性空调,真正起到空气调节的作用。汽车空调配气系统根据空调的工作要求,可以将冷、热风按照比例配送到驾驶室内,满足调节需要。

图5-13所示是汽车空调配气系统的基本结构,它通常由三部分构成:第一部分为空气进口段,主要由用来控制新鲜空气和车内循环空气的比例的风门和伺服器组成;第二部分为空气混合段,主要由加热器和蒸发器组成,用来提供所需温度的空气;第三部分为空气分配段,使空气吹向面部、脚部和风窗玻璃。汽车空调配气系统是通过手动控制钢索(手动空调)、气动真空装置(半自动空调)或者电控气动装置(全自动空调)与仪表板空调控制键连接动作,执行配气工作的。

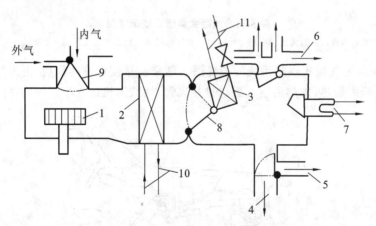

图5-13 汽车空调配气系统的基本结构

1—鼓风机;2—蒸发器;3—加热器;4—脚部吹风口;5—面部吹风口;6—除霜吹风口;7—侧吹风口;
8—加热器旁通风门;9—空气进口风门;10—制冷剂进出管;11—水阀调节进出水管

空调配气系统的工作过程如下:新鲜空气+车内循环空气→进入鼓风机→混合空气进入蒸发器冷却→由风门调节进入加热器的空气→进入各吹风口。

空气进口段的风门主要控制新鲜空气和车内循环空气的比例,当夏季室外气温较高、冬季室外温度较低的情况下,尽量关小风门,以减少冷、热气量的损耗。当车内空气品质下降,汽车长时间运行或者室内外温差不大时,应定期开大风门。一般汽车空调配气系统空气进口段风门的开启比例为15%～30%。

加热器旁通风门主要用于调节通过加热器的空气量。顺时针旋转开大旁通风门,通过加热器的空气量少,由脚部吹风口、面部吹风口、侧吹风口吹出冷风;反之,逆时针旋转关小旁通风门,这时由脚部吹风口、面部吹风口、侧吹风口、除霜吹风口吹出热风供采暖和玻璃除霜用。

汽车空调配气系统分为以下几种。

1. 空气混合式配气系统

图 5-14(a)所示为空气混合式配气系统,从图中可看出其工作过程为:新鲜空气+车内循环空气→进入鼓风机→混合空气进入蒸发器冷却→由风门调节进入加热器的空气→进入各吹风口。进入蒸发器后再进入加热器的空气量可用风门进行调节。若进入加热器的风量少,也就是冷风相对较多,则冷风由冷吹风口吹出;反之,热风较多,则由除霜吹风口或热吹风口吹出。

空气混合式配气系统的优点是能节省部分冷气,缺点是冷、暖风不能均匀混合,空气处理后的参数不能完全满足要求,即被处理的空气的参数精度较差一些。

2. 全热式配气系统

图 5-14(b)所示为全热式配气系统。从图中可看出其工作过程为:新鲜空气+车内循环空气→进入鼓风机→混合空气进入蒸发器冷却→出来后的空气全部进入加热器→加热后的空气由各风门调节风量分别进入各吹风口。

全热式配气系统与空气混合式配气系统的区别在于由蒸发器出来的冷空气全部直接进入加热器,两者之间不设风门进行冷、热空气的风量调节。

全热式配气系统的优点是被处理后的空气的参数精度较高,缺点是浪费一部分冷气,即为了达到较高的空气参数精度而浪费少量冷气。这种配气方式只用在一些高级豪华汽车的空调系统中。

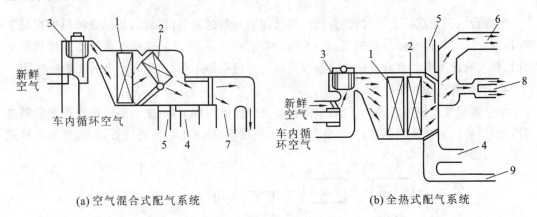

(a) 空气混合式配气系统　　　　　　　　(b) 全热式配气系统

图 5-14　空气混合式配气系统和全热式配气系统

1—蒸发器;2—加热器;3—鼓风机;4—热吹风口;5—除霜吹风口;
6—中心吹风口;7—冷吹风口;8—侧吹风口;9—尾部吹风口

3. 加热与冷却并进混合式配气系统

图 5-15 所示为加热与冷却并进混合式配气系统。

该配气系统工作时,混合风门可以在最上方与最下方之间的任何位置开启或停留,如图

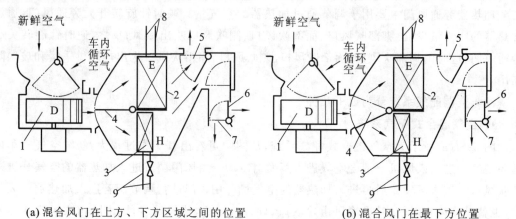

(a) 混合风门在上方、下方区域之间的位置　　(b) 混合风门在最下方位置

图 5-15　加热与冷却并进混合式配气系统

1—鼓风机；2—蒸发器；3—加热器；4—混合风门；5—上部吹风口；
6—除霜吹风口；7—脚部吹风口；8—制冷剂进出管；9—水阀调节进出水管

5-15(a)所示。当空气由鼓风机吹出后,由混合风门进行调节并进入并联的蒸发器和加热器,从蒸发器出来的冷风从上面吹出,对着人体上部,而由加热器出来的热空气对着脚部和除霜处。混合风门可以调节分别进入蒸发器和加热器的空气流量的大小,以满足不同温度、不同风量的要求,其工作模式如图 5-16 所示。

图 5-16　加热与冷却并进混合式配气系统的工作模式

当混合风门处在最上方时,混合风门将通往蒸发器的通道口关闭；当混合风门处在最下方时,混合风门将通往加热器的通道口关闭,如图 5-15(b)所示。这样在蒸发器或加热器不用时,暖气或冷气不经混合直接送至各吹风口。若两者都不运行,送入车内的便是自然风。

4. 半空调配气系统

半空调配气系统中,新鲜空气和车内循环空气经风门调节后,先由鼓风机吹进蒸发器进行冷却,然后由混合风门调节,一部分空气进入加热器,冷气出口不再进行调节,其工作模式如图 5-17 所示。

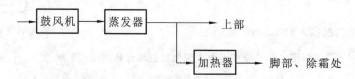

图 5-17　半空调配气系统的工作模式

同样,半空调配气系统由混合风门来调节其送入车内的空气温度。若蒸发器不工作,将空气全部引到加热器,则送出的是暖风；若加热器不工作,则送出来的全部是冷风；若两者都不工作,则送出来的是自然风。其结构如图 5-18 所示。

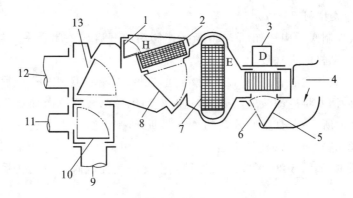

图 5-18 半空调配气系统结构

1—限流风门;2—加热器;3—鼓风机;4—新鲜空气入口;5—新鲜/再循环空气入门;
6—再循环空气入口;7—蒸发器;8—混合风门;9—面板吹风口;
10—除霜风门;11—除霜吹风口;12—底板吹风口;13—底板风门

从目前汽车空调的配气方式来看,空气混合式配气系统使用得最多。它将空气经过蒸发器进行降温除湿处理后,用调节风门将一部分空气送到加热器加热,出来的热气和冷气再混合,可以调节出人们所需要的各种温度的空气,而且除霜用的热风可直接从加热器引到除霜吹风口,直接吹向风窗玻璃。它的最大特点是效率高,节能效果显著。

【专业知识拓展】

一、汽车配气系统控制装置与执行器的结构原理

1. 冷却液控制阀

冷却液控制阀(也称热水阀)装在加热器和回水管之间,用来控制进入加热器的冷却液通路。冷却液控制阀有两种:一种是拉绳钢索式冷却液控制阀,另一种是真空冷却液控制阀。

1) 拉绳钢索式冷却液控制阀

拉绳钢索式冷却液控制阀使用在手动空调中,它须依靠手动移动调节键带动开关的钢索,使热水阀关闭或打开。其结构如图 5-19 所示。

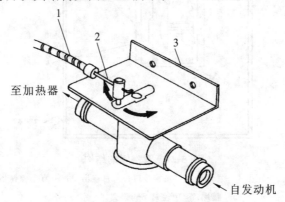

图 5-19 拉绳钢索式冷却液控制阀的结构

1—护套;2—钢索;3—固定支架

2）真空冷却液控制阀

真空冷却液控制阀的构造如图 5-20 所示。阀门的开启与关闭受一个封闭的真空膜片盒控制，真空由发动机的进气歧管或真空罐引来。

供暖时，真空膜片盒的右空腔与真空源导通，在两端压差的作用下，膜片克服弹簧力，带动活塞一起右移，活塞将冷却液通路开启，这时发动机冷却液便流向加热器，系统处于供暖状态，如图 5-20(c) 所示；若真空膜片盒的真空源断开，则弹簧压力通过膜片带动活塞左移，此时冷却液的通路被关闭，加热器不会发热，如图 5-20(a) 所示；当处于半真空时，冷却液的流量则会适当减少，如图 5-20(b) 所示。这种真空冷却液控制阀可以用在手动空调上，也可用在自动空调上。

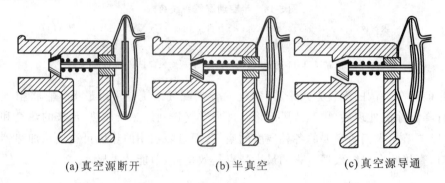

(a) 真空源断开　　　　(b) 半真空　　　　(c) 真空源导通

图 5-20　真空冷却液控制阀的构造

2. 真空罐

真空罐的作用是向系统提供稳定的真空压力和储存真空，其真空一般来自发动机进气歧管。发动机工况变化时，真空度绝对压力在 101～33.7 kPa 之间变化，会影响真空系统的调控工作，一般要进行调节。

真空罐的结构如图 5-21 所示，由真空室和真空保持器组成。真空室是一个金属罐，内装一个真空保持器。其工作原理如下。

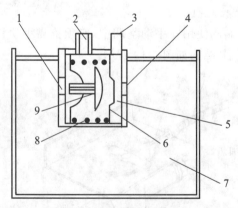

图 5-21　真空罐的结构

1、4—气孔；2—发动机进气歧管接口；3—真空出口；5—真空保持器；
6—膜片；7—真空罐　8—弹簧；9—空心膜阀

真空保持器内有一个空心膜阀和膜片,将其分成三个腔。中腔与发动机进气歧管相连,右腔分别与真空室和真空执行系统相连。当发动机进气歧管真空度大于真空罐真空度时,空心膜阀膨胀右移,接通真空室,使其真空度提高。同时膜片克服弹簧力左移,使真空室与真空执行系统的气孔打开,形成通路。当发动机进气歧管真空度小于真空罐真空度时,空心膜阀被外界压力压扁,关闭与真空室的通路,同时膜片右移,关闭气孔,保持真空罐内的真空度。

3. 真空驱动器

真空驱动器的功能是将真空信号转变成机械信号,用于启闭风门和阀门,其实质是一个真空膜片盒,根据结构,可分为单膜片式和双膜片式。

1)单膜片式真空驱动器

单膜片式真空驱动器的外形与内部结构如图 5-22 所示,它主要由弹性膜片、弹簧、与膜片固定的连杆等组成。连杆只有两个位置,当真空膜片盒通过胶管接通真空时,膜片克服弹簧力将连杆上拉;当切断真空源时,弹簧力推动膜片使连杆复位。单膜片式真空驱动器主要用于控制风门的启闭。

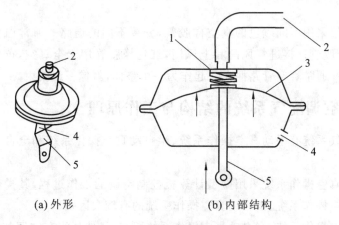

(a) 外形　　　　　　(b) 内部结构

图 5-22　单膜片式真空驱动器

1—弹簧;2—真空接口;3—膜片;4—气孔;5—连杆

2)双膜片式真空驱动器

双膜片式真空驱动器的外形与内部结构如图 5-23 所示,它由两个膜片、两组弹簧、与一个膜片固定的连杆等组成,连杆有三个位置。当 A 室有真空时,连杆提升一半;当两室(A室、B室)都有真空时,连杆移到最上端;若无真空时,连杆则位于最下端。分别可使风门处于全开、半开或全闭位置。

4. 真空选择器

真空选择器的作用是根据空调控制的需要,选择调配真空源与多个真空驱动器的连接,控制整个真空系统的工作,它实际上就是手动真空管路的转换开关。

真空选择器主要构造为橡胶圆盘上开有若干圆弧槽,通过机械连杆与面板功能选择键相连,当移动功能选择键时,带动圆盘转动,关闭或接通相应的真空通路,控制真空执行器动作,实现各风门的开闭。

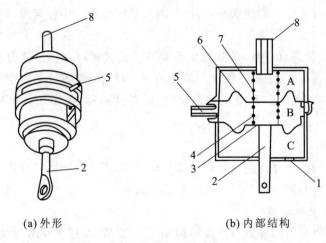

(a) 外形　　　　　　　　　(b) 内部结构

图 5-23　双膜片式真空驱动器的外形和内部结构

1—气孔；2—连杆；3—B 室膜片；4—B 室弹簧；
5—中阀 B 室真空接口；6—A 室膜片；7—A 室弹簧；8—真空接口

5. 真空管路

真空管路一般采用不同颜色的真空橡胶管，分接不同的通路。通常白色橡胶管连接外来空气口，蓝色橡胶管连接进气风门和上风门，红色橡胶管用于全真空，黄色橡胶管连接中风门和除霜风门。通常真空管路捆在一起作为一个整体，就像一组线束。

二、汽车空调配气系统的结构与工作原理

汽车空调配气系统有手动真空操作系统、半自动真空操作系统和全自动电控真空操作系统三种。

全自动电控真空操作系统采用微型计算机控制空调的工作过程，其操作方式和执行器的结构与手动真空操作系统、半自动真空操作系统的有较大区别。

对于手动真空操作系统、半自动真空操作系统而言，虽然从汽车空调整体结构和控制电路上有较大区别，但其配气系统的工作原理和控制过程并无严格区分，所不同的只是手动真空操作系统对风门、阀门的控制部分采用钢索联动结构，而半自动真空操作系统则全部采用真空控制结构。它们的共同特点是对系统的操作依靠人工转换空调面板的控制开关，而配气的工作则通过真空执行器来完成。

本节以图 5-24 所示的典型的半自动真空操作系统为例，介绍其基本结构与工作原理。图中真空控制部件包括真空罐、真空选择器、真空执行器和真空管路。其中，真空选择器受面板功能选择键的控制。空调面板共有"OFF""MAX""NORM""BI-LEVEL""VENT""HEATER""DEF"7 个功能选择键，如表 5-1 所示。真空执行器包括气源门真空驱动器、热水阀真空驱动器、上风口和中风口真空驱动器，下风口真空驱动器。配气部件包括气源门、蒸发器、加热器、调温门、上下风门。调温键直接控制调温门的位置。具体控制原理如下。

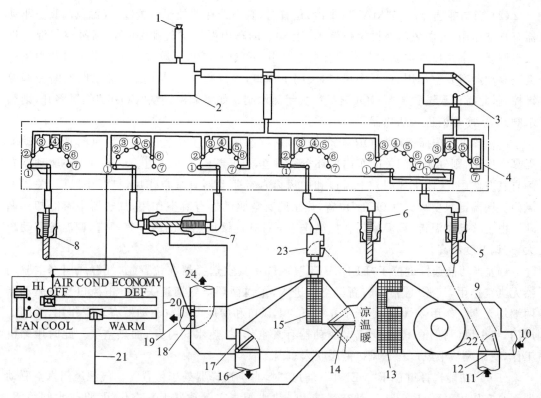

图 5-24 典型的半自动真空操作系统

1—进气歧管接口;2—真空罐;3—真空切断器;4—真空选择器;5—热水阀真空驱动器;
6—气源风门真空驱动器;7—下风口真空驱动器;8—上风口和中风口真空驱动器;
9—在"MAX"功能时设计规定的新鲜空气占 20% 的新鲜空气口开启位置;10—新鲜空气口;11—车内循环空气口;
12—新鲜空气阀门;13—蒸发器;14—调温风门;15—加热器;16—下风口;17—下风口阀门;18—中风口和上风口阀门;
19—中风口;20—空调控制面板;21—调温风门拉索;22—鼓风机;23—热水阀;24—上风门(除霜风门)

表 5-1 空调面板功能选择键

序 号	功能选择键	功 能
1	OFF	关闭
2	MAX	最冷
3	NORM	正常空调
4	BI-LEVEL	双层出风
5	VENT	通风
6	HEATER	暖风
7	DEF	除霜

(1) 当功能选择键位于"OFF"(关闭)位置时,真空选择器位于管接口①,气源风门真空驱动器和下风口真空驱动器左侧有真空作用,使气源风门关闭新鲜空气通道,同时下风口关闭。其余真空驱动器无真空作用,关闭热水阀和中风口,但除霜风门打开。

(2)当功能选择键在"MAX"(最冷)位置时,真空选择器处于位置②,气源风门真空驱动器有真空作用,气源风门在设定位置上,让80%的车内循环空气和20%的新鲜空气混合进入空调器。下风口真空驱动器右端有真空作用,下风门关闭,下风口关闭。上风口和中风口真空驱动器有真空作用,打开中风口,关闭上风口,冷气直吹人体上部。热水阀通断受调温键控制,此时调温键置于"COOL"位置,关闭热水阀。如将调温键从"COOL"位置移开,则热水阀开启,冷却液进入加热器。

(3)当功能选择键在"NORM"位置时,真空选择器位于位置③。气源风门真空驱动器无真空作用,则气源风门关闭车内循环空气通道,打开新鲜空气通道。下风口真空驱动器右侧有真空作用,关闭下风门。上风口和中风口真空驱动器有真空作用,打开中风门,关闭上风门。调温键只要离开"COOL"位置,热水阀真空驱动器有真空作用,加热器中有冷却液循环。由于移动调温键,调温风门在拉绳作用下打开连接加热器的冷空气通道,调温键移动越大,空调温度越高。

(4)当功能选择键位于"BI-LEVEL"位置时,真空选择器在位置④,气源风门真空驱动器无真空作用,气源风门打开,新鲜空气进入,车内循环空气通道关闭。下风口真空驱动器两端均无真空作用,下风门处于半开状态。上风口和中风口真空驱动器有真空作用,关闭上风门,将中风门打开。热水阀真空驱动器有真空作用,热水阀打开,加热空气。此时压缩机工作,空调风从中风口和下风口两层吹入车内。

(5)当功能选择键位于"VENT"(通风)时,真空选择器处于位置⑤。气源风门真空驱动器无真空作用,气源风门让新鲜空气进入。热水阀真空驱动器无真空作用,将热水阀关闭,加热器内无冷却液循环。下风口真空驱动器右侧有真空作用,左侧无真空作用,则关闭下风门。上风口和中风口真空驱动器有真空作用,则上风门关闭,打开中风门。此时压缩机不工作,新鲜空气既不被加热,也不被冷却,从中风口直接送入车内。

(6)当功能选择键位于"HEATER"(暖风)位置时,真空选择器位于位置⑥,气源风门真空驱动器无真空作用,气源风门关闭车内循环空气口,打开新鲜空气口。下风口真空驱动器左侧有真空作用,右侧无真空作用,下风口打开。上风口和中风口真空驱动器无真空作用,中风口关闭,上风口打开。热水阀真空驱动器有真空作用,热水阀开启,加热器内有冷却液循环。新鲜空气没有降温,但被加热,从上风口吹向挡风玻璃,从下风口吹向脚部。

(7)当功能选择键在"DEF"(除霜)位置时,真空选择器位于位置⑦,气源风门真空驱动器无真空作用,气源风门使新鲜空气送入,关闭车内循环空气通道;下风口真空驱动器的右侧有真空作用,左侧无真空作用,故下风门关闭。上风口和中风口真空驱动器无真空作用,中风门关闭,上风门打开。热水阀真空驱动器有真空作用,热水阀开启,加热器工作。被加热的新鲜空气吹向挡风玻璃除霜。

【案例分析】

故障现象:行驶中开启空调后无暖气。

汽车空调无暖气可以分为两方面的原因:一是发动机冷却系统故障,二是暖风的控制机构工作不良。在维修时,应先判定是哪一方面的原因,再进行相应的维修。判定的方法很简单,摸一下暖风小水箱的两根水管,如果两根水管都很热,说明是暖风控制机构工作不良;如果两根水管都凉,或者是一根热一根凉,说明是发动机冷却系统故障。

发动机冷却系统可能出现如下问题。

一是节温器常开或节温器开启过早,使冷却系统过早地进行大循环,而外部气温很低,特别是车在行驶时,冷风很快把防冻液冷却,发动机冷却液温度上不来,暖风也不会热。

二是水泵叶轮破损或丢转,使流经暖风小水箱的冷却液流量不够,热量上不来。

三是发动机冷却系统有气阻,气阻导致冷却系统循环不良,造成冷却液温度高,暖风不热。如果冷却系统总有气阻,很可能是气缸垫有破损,向冷却系统串气所致。如果暖风小水箱的进水管很热,而出水管较凉,这种情况应是暖风小水箱有堵塞,应更换暖风小水箱。

汽车的暖风是利用鼓风机把暖风小水箱的热量吹入驾驶室的,如果风量不够或冷、热风分配不好,使暖风小水箱的热量散发不出来,也会造成暖风的温度上不来。这时,先要检查滤清器是否脏污堵塞,如有脏污堵塞,应进行清理,必要时要及时更换。再检查鼓风机的各挡位运转情况,每个挡位都要达到足够的转速。如果旋钮调到暖风位置时,风量够大,风向也正常,吹出来的是凉风,应检查冷、热风的控制翻板拉线是否脱落,暖风叶轮是否损坏,翻板是否脱落等,排除故障后暖风就会热起来。

学习任务 6
汽车自动空调的认知

◀ **任务要求**

完成本学习任务后,你应该能够:

(1) 正确完成企业维修接待任务;

(2) 正确描述汽车自动空调系统的组成和工作原理;

(3) 正确描述汽车自动空调各部件结构特点和作用;

(4) 正确完成自动空调的控制操作;

(5) 正确识别自动空调常见故障,并完成检修作业;

(6) 正确掌握汽车空调自诊断的操作;

(7) 正确完成企业标准验收任务,评价和反馈工作过程,完成任务工单。

【情景导入】

一辆凌志 LS400 轿车行驶总里程数为 6.5 万公里时,发现汽车自动空调不制冷,且空调故障警告灯长亮。

【背景知识】

一、汽车自动空调系统的功用和组成

1. 汽车自动空调系统的功用

汽车自动空调系统通过驾驶员操作控制器总成上的键,来选择空调系统的工作模式和鼓风机转速,通过信号检测装置检测空气温度,调节气流混合风门的位置来达到并保持驾驶员预先设置的舒适模式。

2. 汽车自动空调系统的组成

汽车自动空调系统主要由信号检测装置、电子控制单元(简称电控单元)和执行机构组成。其中信号检测装置包括驾驶室控制器、发动机温度传感器、外界温度传感器、车内温度传感器、日照强度传感器等,执行机构包括强风继电器、风速控制器、鼓风机、空气混合风门传动机构、空气混合风门、底板风门传动机构、底板风门、除霜风门传动机构、除霜风门、压缩机电磁离合器、新鲜空气风门传动机构、新鲜空气风门等,如图 6-1 所示。

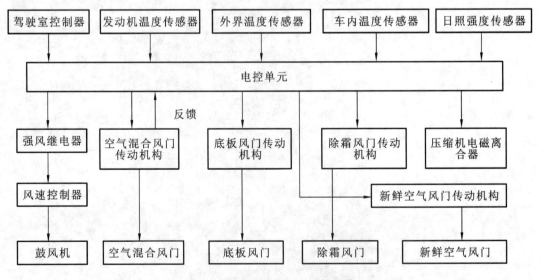

图 6-1 汽车自动空调系统的组成

一汽丰田花冠轿车自动空调系统主要部件位置图如图 6-2～图 6-4 所示。

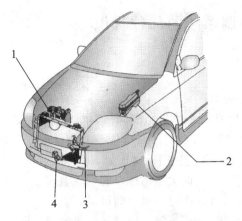

图 6-2　一汽丰田花冠轿车自动空调系统主要部件位置图 1

1—压缩机和电磁离合器；2—发动机室接线盒；3—压力保护开关；4—外界温度传感器

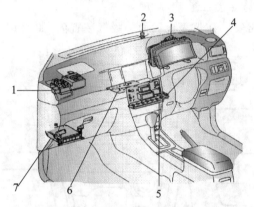

图 6-3　一汽丰田花冠轿车自动空调系统主要部件位置图 2

1—仪表板接线盒；2—日照强度传感器；3—组合仪表；4—车内温度传感器；
5—空调控制总成；6—空调放大器；7—发动机 ECU

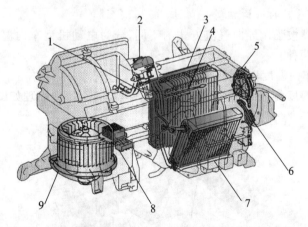

图 6-4　一汽丰田花冠轿车自动空调系统主要部件位置图 3

1—膨胀阀；2—网状风门控制伺服电动机；3—蒸发器；4—蒸发器温度传感器；5—出风口风门控制伺服电动机；
6—空气混合风门控制伺服电动机；7—散热器；8—鼓风机电动机线性控制器；9—鼓风机电动机

二、汽车自动空调系统的部件认识

（一）传感器

1. 车内温度传感器

1）车内温度传感器的作用

车内温度传感器的实质是一个热敏电阻，它通过两个接线端子与空调计算机相连。当车内温度传感器电阻发生变化时，空调计算机检测其两端电压降的变化来获得信号。车内温度传感器与外界温度传感器共同作用可实现如下功能：

（1）确定混合风门的位置，从而决定出风口的空气温度；

（2）确定鼓风机的转速，从而决定出风口的风量；

（3）确定进气风门的位置，从而决定车内空气的温度与新鲜度；

（4）确定模式风门的位置。

2）车内温度传感器的安装位置

车内温度传感器通常安装在仪表板后面的吸气装置内，如图6-5所示。

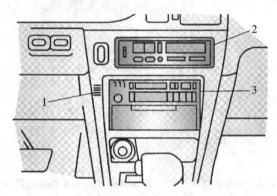

图6-5 车内温度传感器的安装位置

1—车内温度传感器格栅；2—空调控制面板；3—音响控制面板

3）车内温度传感器的结构类型

车内温度传感器按强制导向气流方式的不同，分为电动机型车内温度传感器和吸气器型车内温度传感器两种。

（1）电动机型车内温度传感器。

电动机型车内温度传感器的安装位置如图6-6所示，其工作原理如图6-7所示。

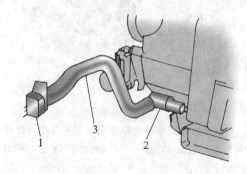

图6-6 电动机型车内温度传感器的安装位置

1—电动机型车内温度传感器；2—电动机风扇；3—吸气管

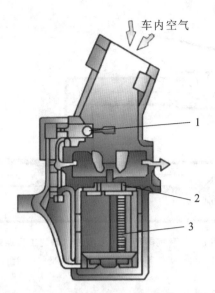

图 6-7　电动机型车内温度传感器的工作原理
1—电动机型车内温度传感器；2—电动机风扇；3—电动机

（2）吸气器型车内温度传感器。

吸气器型车内温度传感器的安装位置如图 6-8 所示，其工作原理如图 6-9 所示。

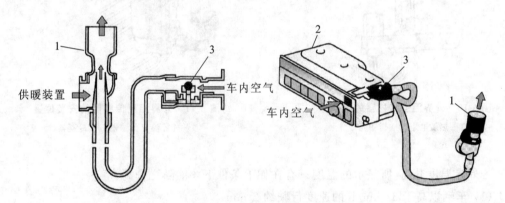

图 6-8　吸气器型车内温度传感器的安装位置
1—吸气器；2—供暖装置控制板；3—吸气器型车内温度传感器

2. 外界温度传感器

1）外界温度传感器的作用

外界温度传感器除与车内温度传感器共同作用外，其单独作用时还可控制压缩机的工作。

2）外界温度传感器的结构与安装位置

外界温度传感器的结构如图 6-10 所示，其安装位置如图 6-11 所示。

3）外界温度传感器防假输入电路工作原理

外界温度传感器位于车辆前减震器下面的护栅部位。HAVC（暖风通风空调）控制器通过该传感器接收环境温度信息。根据该信息，暖风通风空调控制器向驾驶员提供外界空气温度数字显示。

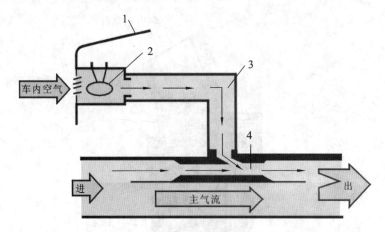

图 6-9 吸气器型车内温度传感器的工作原理
1—仪表板；2—吸气器型车内温度传感器；3—吸气管；4—喉管

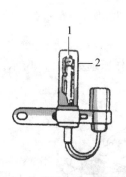

图 6-10 外界温度传感器的结构
1—热敏电阻；2—树脂壳

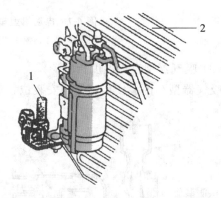

图 6-11 外界温度传感器的安装位置
1—外界温度传感器；2—冷凝器

若外界温度升高，所显示的温度只有在如下条件下才能随之升高：

（1）车辆以高于 32 km/h 的速度行驶约 2 min；

（2）车辆以高于 72 km/h 的速度行驶约 1 min。

这些限制有助于防止读数错误。若所显示的温度下降，外界温度显示将立即更新。如果车辆熄火超过 3 h，车辆再启动时，将显示当前外界温度；如果车辆熄火不足 3 h，车辆再启动时，将显示车辆上次启动时的温度。

3. 日照强度传感器

1）日照强度传感器的作用

日照强度传感器通过检测照在传感器上的太阳光照强度，将光信号转变为电压或电流值送给空调控制器，用来修正混合风门的位置与鼓风机的转速。

2）日照强度传感器的结构

日照强度传感器如图 6-12 所示。日照强度传感器的实质是一只光电二极管。光电二极管是一种受到光辐射时产生电流的二极管。

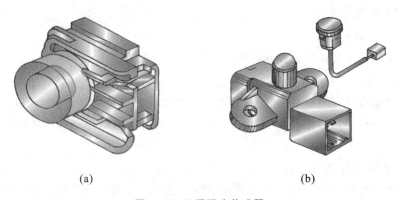

图 6-12 日照强度传感器

3）日照强度传感器的安装位置

日照强度传感器一般安装在仪表板的上面，靠近前挡风玻璃的底部，如图 6-13 所示。

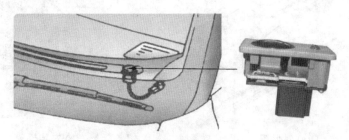

图 6-13 日照强度传感器的安装位置

4. 空气质量传感器

1）空气质量传感器的作用

空气质量传感器主要是测量空气中的水分、环境温度和空气的污染程度（测量空气中的 CO、CO_2、NO_x 等的含量），空调 ECU 通过空气质量传感器的测量结果，来控制压缩机的工作与进气风门的位置。

2）空气质量传感器的结构

空气质量传感器如图 6-14 所示，其测量元件是一个氧传感器。空气质量传感器的精度因催化添加物铂铑数量的增加而提高。其工作原理类似于电控发动机中的氧传感器的工作原理。

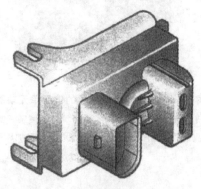

图 6-14 空气质量传感器

5. 烟雾传感器

1）烟雾传感器的作用

烟雾传感器的主要作用是控制鼓风机转速。

2）烟雾传感器的工作原理

烟雾传感器设置在后置空调装置内,当接通点火开关且空调处于"AUTO"工作方式时,烟雾传感器开始检测烟雾浓度,并将信号传送给空调控制器,以控制后送风鼓风机电动机的转速。

6. 蒸发器温度传感器

蒸发器温度传感器（见图6-15）安装在制冷单元中。很多蒸发器温度传感器的热敏电阻安装于蒸发器传热片上,这样可以精确测量蒸发器的温度。

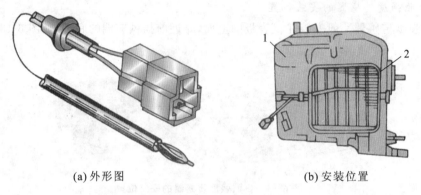

(a) 外形图　　　　　(b) 安装位置

图6-15 蒸发器温度传感器

1—蒸发器；2—蒸发器温度传感器

（二）电控单元

有的电控单元位于空调控制器中,采用单独的空调计算机控制；有的车身控制模块（车身计算机）提供了空调电控单元的功能（见图6-16）。空调计算机或车身计算机接收各传感器的输入信号,以提供驾驶员所设定的空调运行情况。

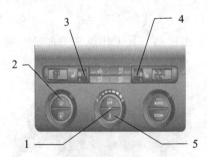

图6-16 车身计算机提供的电控单元功能

1—车内温度传感器；2—二极管指示灯；3—驾驶室侧座椅加热调节开关；
4—副驾驶室侧座椅加热调节开关；5—辅助加热开关

（三）执行机构

1. 鼓风机转速控制装置

鼓风机转速控制装置如图 6-17 所示。空调计算机或车身控制模块将脉宽调制信号送至电源功率模块，电源功率模块给鼓风机电动机提供一个可变电压以控制鼓风机转速。

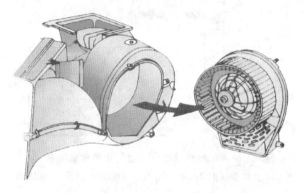

图 6-17　鼓风机转速控制装置

2. 混合风门执行器和模式风门执行器

混合风门执行器和模式风门执行器如图 6-18 所示，它分别控制混合风门和模式风门的位置，以提供由驾驶员设定的车内温度。

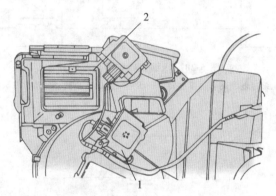

图 6-18　混合风门执行器和模式风门执行器
1—混合风门执行器；2—模式风门执行器

3. 加热器芯冷却液截止阀和电磁阀

有的自动空调系统有一个加热器芯冷却液截止阀和电磁阀（见图 6-19），可关闭流经加热器芯的冷却液通道。

4. 压缩机电磁离合器

当驾驶员选择空调模式时，空调计算机即将压缩机电磁离合器继电器的线圈接地。压缩机电磁离合器电路如图 6-20 所示。

在某些空调系统中，压缩机电磁离合器继电器的线圈由动力控制模块接地。续流二极管跨接在电磁离合器两端，能够起到抑制高压脉冲（尖峰电压）的作用，如图 6-21 所示。当电磁离合器线圈断电时，线圈的自感电动势（高压脉冲）被续流二极管以及线圈本身形成的电流回路所削弱，不会危害电子电路。

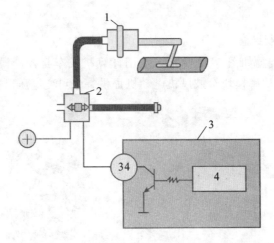

图 6-19　加热器芯冷却液截止阀和电磁阀

1—加热器芯冷却液截止阀；2—电磁阀；3—电磁阀控制器；4—信号处理电路

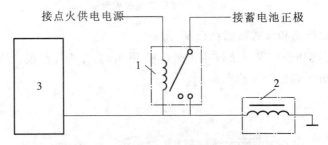

图 6-20　压缩机电磁离合器电路

1—压缩机电磁离合器继电器；2—压缩机电磁离合器；3—动力控制模块

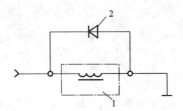

图 6-21　续流二极管电路

1—电磁离合器；2—续流二极管

5. 后窗防雾器

如果按下后窗防雾器按钮，空调控制器将给后窗防雾器供电，在空调控制器的一个定时器中设定后窗防雾器的工作时间。

【专业知识拓展】

一、汽车自动空调系统常见故障

1. 丰田轿车自动空调系统传感器的故障代码表

丰田轿车自动空调系统传感器的故障代码表如表 6-1 所示。

表 6-1　丰田轿车自动空调系统传感器的故障代码表

故障代码	故障检测	可能出现故障的部位
11	车内温度传感器故障	(1) 车内温度传感器部件故障； (2) 车内温度传感器配线或连接器故障； (3) 空调控制器故障
12	外界温度传感器故障	(1) 外界温度传感器部件故障； (2) 外界温度传感器配线或连接器故障； (3) 空调控制器故障
13	蒸发器温度传感器故障	(1) 蒸发器温度传感器部件故障； (2) 蒸发器温度传感器配线或连接器故障； (3) 空调控制器故障
14	冷却液温度传感器故障	(1) 冷却液温度传感器部件故障； (2) 冷却液温度传感器配线或连接器故障； (3) 空调控制器故障
21	日照强度传感器故障	(1) 日照强度传感器部件故障； (2) 日照强度传感器配线或连接器故障； (3) 空调控制器故障

2. 丰田轿车自动空调系统伺服电动机和风挡位置传感器的故障代码表

丰田轿车自动空调系统伺服电动机和风挡位置传感器的故障代码表如表 6-2 所示。

表 6-2　丰田轿车自动空调系统伺服电动机和风挡位置传感器的故障代码表

故障代码	故障检测	可能出现故障的部位
31	空气混合风挡位置传感器故障	(1) 空气混合风挡位置传感器部件故障； (2) 空调控制器故障； (3) 空气混合风挡位置传感器与空调控制器间的配线或连接器故障
33	出风口风挡位置传感器故障	(1) 出风口风挡位置传感器部件故障； (2) 空调控制器故障； (3) 出风口风挡位置传感器与空调控制器间的配线或连接器故障
41	空气混合风挡控制伺服电动机故障	(1) 空气混合风挡控制伺服电动机部件故障； (2) 空气混合风挡位置传感器部件故障； (3) 空气混合风挡控制伺服电动机与空气混合风挡位置传感器间的配线或连接器故障； (4) 空调控制器故障
43	出风口风挡控制伺服电动机故障	(1) 出风口风挡控制伺服电动机部件故障； (2) 出风口风挡位置传感器部件故障； (3) 出风口风挡控制伺服电动机与出风口风挡位置传感器间的配线或连接器故障； (4) 空调控制器故障

二、汽车自动空调系统自诊断的正确操作

1. 奥迪 A6 自动空调系统自诊断的正确操作

（1）接通点火开关或启动发动机。

（2）同时按住空气再循环按钮（见图6-22）与箭头向上的空气分配按钮，直至显示"01C"（"01C"指示1频道，"02C"指示2频道）。

（3）同时释放以上两按钮。

（4）显示器上显示"01C"，即启动了系统故障显示功能。如果系统有故障，即输出故障代码。如果有多处故障，显示器按顺序循环显示所有相关的故障代码。按下温度控制按钮的"＋""－"键，可选择不同的频道。如果要查询某一指定频道的资料，首先选定该频道，然后按下空气再循环按钮即可。要退出存储显示，可按下"AUTO"（自动模式）按钮或关闭点火开关。

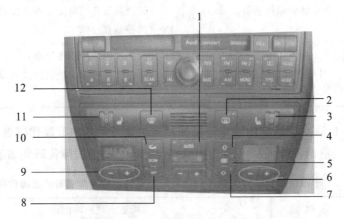

图 6-22 奥迪 A6 自动空调系统功能按钮

1—自动模式按钮；2、12—除霜按钮；3、11—座椅加热控制按钮；4、7—空气分配按钮；
5—空气分配器按钮；6、9—温度控制按钮；8—空调开关；10—空气再循环按钮

2. 帕萨特 B5 自动空调系统自诊断的正确操作

1）大众车系自诊断菜单特点

（1）地址码：待检系统的代码。选择相应的地址码，进入待检系统的自诊断菜单。

（2）功能码：自诊断项目的代码，如表6-3所示。

表 6-3　大众车系的功能码及其对应的自诊断项目

功 能 码	自诊断项目
01	查询控制模块版本信息
02	查询故障代码
03	执行元件测试
04	基本设定
05	清除故障代码

续表

功 能 码	自诊断项目
06	诊断结束
07	控制模块编码
08	读取测量数据
09	读取通道数据
10	通道调整匹配
11	系统登录
15	传递底盘号码

(3) 组号/通道号:相关组区或执行功能的号码。选择组号/通道号,可查看相关组区的数据或执行相关功能。

(4) 功能路径示例:01→04→98,即选择发动机系统(地址码01)→基本设定(功能码04)→选择相应的执行功能(通道号098)。

2) 读取故障代码的方法

帕萨特B5自动空调系统只能使用专用仪器(如VAG1552)进行自诊断,自诊断接头位置如图6-23所示。读取故障代码的具体步骤如下。

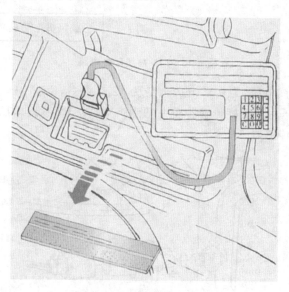

图 6-23　自诊断接头位置

(1) 连接专用仪器,打开点火开关,输入地址码"08"。
(2) 输入功能码"02"。

3) 清除故障代码的方法
(1) 连接专用仪器,打开点火开关,输入地址码"08"。
(2) 输入功能码"05"。

4) 帕萨特B5空调系统基本设定方法

帕萨特B5空调系统基本设定的设定码为"000",其设定方法如下。

(1) 连接专用仪器,打开点火开关,输入地址码"08"。

(2) 输入功能码"04"。

(3) 输入通道号"000"。

【案例分析】

1. 奥迪 A6 空调系统鼓风机不转且空调制冷失效

1) 初步判断

初步判断为电气或通信方面的问题。

2) 检修过程

(1) 查阅电路图,空调系统内部的 LIN 总线与空调控制模块(J255)、鼓风机控制模块(J126)、制冷剂压力和温度传感器(G395)3 个部件相连,如图 6-24 所示。

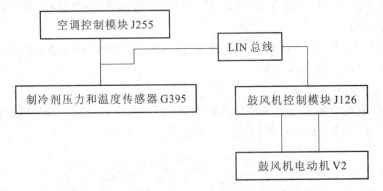

图 6-24　LIN 总线部分电路

(2) 测量 LIN 总线电压,为 0 V,正常时应为 12 V 左右,说明 LIN 总线对地短路。

(3) 拔下制冷剂压力和温度传感器插头(见图 6-25),LIN 总线电压正常,判断故障部位为制冷剂压力和温度传感器。

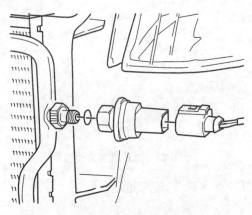

图 6-25　拔下制冷剂压力和温度传感器插头

3) 故障排除

更换制冷剂压力和温度传感器,故障排除。

2. 迈腾空调外循环正常,内循环无风吹出

1) 分析思路

(1) 查故障代码,分析数据流;

(2) 进行基本设定,执行自诊断;

(3) 检查 J301-V154 线路是否正常;

(4) 检查两循环电动机是否损坏;

(5) 检查配件型号是否匹配。

2) 诊断过程

(1) 外循环正常,按下内循环开关 E159,指示灯亮,此时无风吹出。

(2) 读取测量值块(见图 6-26),无故障。

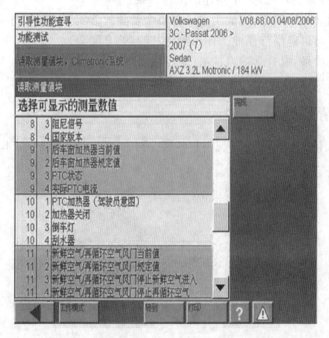

图 6-26 读取测量值块

(3) 按下 E159,测量数值无变化。

(4) 检查内循环风门,内循环风门能动作,内循环电动机 V154 无故障且 J301-V154 线路正常。

(5) 拆开杂物箱,打开内循环,发现外循环风门关闭而内循环风门打不开。

3) 结论

判断故障原因为空调控制器和线束不匹配。

4) 故障排除

更换空调控制器,故障排除。

附 录

附录 A　学习过程

(1) 完成维修接待,提高客户的满意度。

(2) 搜集信息,学习相关知识,了解故障可能产生的原因。

(3) 制订工作计划,并进行决策、执行,确定使用的仪器、设备、工具、量具,并对小组进行合理分工,制订详细、科学且易于操作的工作方案。

(4) 根据车辆的实际情况,完成工作计划每个步骤的落实并改进工作方案。

(5) 完成交车与讲解维修作业工作,提升技能与综合能力。

(6) 展示学习成果,提升学习自信心。

(7) 评价与反思,建立健全的学习机制,养成良好的职业素养。

附录 B　情景展示

顾客预约—接待—初步检查—与用户签署"委托协议"—分配维修工作。

顾客预约

打电话的要求:简洁、明了、文明、礼貌。

1. 对不同客户采用不同话术

(1) "××老板您好,我是××品牌车的小××,打这个电话的目的是想了解一下,您最近开车,在使用的过程中对××品牌车满意吗?"

(2) "××经理您好,我是××售后服务中心的,我姓××。占用您两分钟时间了解一下您对××服务的印象,请问可以吗?"

2. 提示活动的亮点

(1) 亮点:免费、专属性、时效性、稀少性、实用性、便捷性。

(2) "我们这次空调维护活动是专门针对××车型客户开展的,每年只有两次。活动期间我们给每位来店的客户提供免费的安全检测,整个过程不到半小时,您只需要把车开到4S店或通知我们上门取车即可。检测完成后我们将给您一份完整的检测报告并提供用车建议。如果您在××月至××月的任意一个周六、周日有时间的话,这边现在就可以为您登记。"

3. 预约技巧
提供预约登记服务,而不是询问客户是否对活动感兴趣。

4. 预约登记
请依据情境设置对话且通过角色扮演完成预约登记,并填写下表。

预约登记表

客户经理:＿＿＿＿＿＿＿＿＿　　　　　　　　　　　　　　20＿＿年＿＿月＿＿日

顾客基本情况			
姓名		电话	
车型		车牌	
里程		上次进店日期	
车架号			
预约类型(圈选)			
时间未定　　维修预约　　保养预约　　上门取车　　上门送车　　其他需求			
预约内容			
预约进店时间		预计交车时间	

客户描述:

初步诊断:

所需配件(零件号)、工时:

维修费用预估:

其他需求:

上门取车时间		上门取车地点、电话		交接人	
上门交车时间		上门交车地点、电话		交接人	
取/交车人签名			客户/交接人签名		

备注:

名言：
"这是一个两分钟的世界，你只有一分钟展示给人们你是谁，另一分钟让他们喜欢你。"

——罗伯特·庞德（英国形象设计师）

根据角色扮演情况填写以下预约评分表。

预约评分表

序号	评分项目	分值	得分
1	电话响铃 3 次内接听	5	
2	主动问好	10	
3	主动报姓名与店名	10	
4	主动询问顾客需求	10	
5	电话结束感谢顾客来电	10	
6	顾客挂断后才挂断电话	5	
7	专心致志	10	
8	彬彬有礼	10	
9	简洁、明了	5	
10	语音标准	5	
11	语速适中	5	
12	措辞适宜	5	
13	语境舒适	5	
14	心情愉悦	5	

接待

（1）出门迎宾。

(2) 协助泊车(顾客驾车)或代客泊车(下雨天)。

(3) 引导顾客进展厅并邀请入座。

(4)提供饮品服务。

接待环节的话术练习如下所示。

细化流程	话 术 范 例	执 行 标 准
出门迎宾	(1)中午好！欢迎光临！ (2)您好，××先生！	(1)针对预约客户，要以姓名加尊称来称呼； (2)面带微笑； (3)点头致意
协助泊车	(1)您好，请小心下车。 (2)您好，我们有代客泊车服务。	(1)到停车场迎宾，帮助客户停车，开车门引导停车(非雨雪天气)； (2)引导顾客驾驶到维修接待门口，开车门迎宾，代客泊车(雨雪天气)
自我介绍	(1)您好，我是××(职务、姓名)。 (2)这是我的名片，您可以叫我小××，很高兴为您服务。	(1)引导客户进入展厅，全员行注目礼； (2)微笑目视顾客面部三角区； (3)语音清晰、语调自然； (4)面带微笑，正视对方，将名片的正面朝着顾客，双手的拇指和食指分别捏住名片上端的两角送到对方胸前； (5)身体前倾15度角，表示敬意

细化流程	话术范例	执行标准
引导顾客进展厅并邀请入座	(1) ××先生,这边请! (2) 请问有什么可以帮您?	(1) 用手势指示洽谈区方位; (2) 引导并陪同顾客走向洽谈区; (3) 与顾客站立沟通的时间不超过5分钟; (4) 帮顾客拉开椅子; (5) 等顾客坐下后再离开
提供饮品服务	(1) 我们有口味纯正的现磨咖啡,您想品尝一下吗? (2) 这是饮料单,我们有5种不同饮品供您选择。	(1) 判断顾客喜好,及时送上饮料; (2) 递送饮料、茶水使用托盘,手势标准; (3) 提供5种以上的饮料品种供客户选择
话题展开	(1) 请问能为您做点什么? (2) 您刚才说的是××吗? (3) 您请说,我正在记录。 (4) 您的车辆出现类似的问题大约多久了?	(1) 积极倾听,做好记录; (2) 配合客户,热忱服务; (3) 情感认同,耐心处理; (4) 先处理心情,再处理事情

拓展与延伸

1. 着装基本原则

(1) 与自己所处的环境相协调;

(2) 与自己的社会角色相协调;

(3) 与自己的自身条件相协调;

(4) 与穿戴的季节温度相协调;

(5) 忌脏、破、露、透。

2. 男士着装

(1) 配饰:不在清理车辆时佩戴戒指和手表等饰品。

(2) 头发:长不超过6 cm;前不过眉,后不压领,鬓角不盖耳;不染过于艳丽的发色,不做过于奇异的发型;使用适当的发胶固定发型。

(3) 面部:干爽、清洁,不留胡须。

(4) 手部:干爽、清洁,指甲长度不能超过2 mm。

3. 女士着装

(1) 配饰:不在清理车辆时佩戴戒指和手表等饰品,不佩戴过大或过于夸张的耳环,不佩戴脚链。

(2) 头发:短发不过肩,长发应梳理成发髻;不染过于艳丽的发色,不做过于奇异的发型;使用适当的发胶固定发型。

(3) 面部:干爽、清洁,化适当的淡妆。

(4) 手部:干爽、清洁,指甲长度不能超过2 mm,不染过于夸张的指甲油。

4. 仪表

站如松,行如风,坐如钟。

(冬) (春秋) (夏)

5．交谈技能

1) 交谈注意事项

> 欣赏物品，莫问价值。
> 情同手足，莫问工资。
> 初次见面，莫问婚姻。
> 敬老尊贤，莫问年龄。
> 与人相约，莫问住处。

2) 交谈 12 忌

> 忌居高临下，忌搔首弄姿。
> 忌自我炫耀，忌挖苦嘲弄。
> 忌口若悬河，忌言不由衷。
> 忌心不在焉，忌故弄玄虚。
> 忌随意插嘴，忌冷暖不均。
> 忌节外生枝，忌短话长谈。

名言：
"我的笑容价值百万美金。"

——查尔斯·斯瓦博（美国金融巨头）

初步检查—与用户签署"委托协议"—分配维修工作

请依据情境设置对话且通过角色扮演完成初步检查、任务委托和分配维修工作。

惠技师特约维修服务中心　　　　接车单

来店时间：＿＿年＿＿月＿＿日＿＿时＿＿分　　　　交车时间：＿＿月＿＿日＿＿时＿＿分

顾客姓名		车牌号		车型		车辆颜色	
顾客电话		行驶里程		VIN号			
保险日期		驾驶证日期		行驶证日期			

维修项目
＿＿＿＿km常规保养□　一般维修□　事故车□　洗车□　其他□

维修项目	配件	工时	合计	维修项目	配件	工时	合计
1.				8.			
2.				9.			
3.				10.			
4.				11.			
5.				12.			
6.				13.			
7.				合计：			

故障描述	技师诊断结果

常规保养检测项目		环车检查	油量显示
机油	全车皮带	外观检查（有损坏＿＿处）	FUL / EMPT
变速箱油	进气燃油		
转向油	润滑清洗		
防冻液	三元催化		旧件
刹车油	轮胎检测		带走□
火花塞	轮毂轴承		
电瓶	传动轴		不带走□
雨刮水	减震器		
雨刮片	刹车片		洗车
全车灯光	刹车油管		是□
空调	球头悬挂		
音响	方向机		否□
座椅调节	门锁机构		
安全带	升降玻璃、天窗	电脑读取故障码	

接车人签字：　　　　　　技师签字：　　　　　　顾客签字：

注意：①此单据中预计费用是预估费用，实际费用以结算单中最终费用为准。
　　　②将车辆交给我店检修时，已提示将车内贵重物品自行收起并妥善保管，如有遗失本店恕不负责。

惠技师特约维修服务中心
维修派工单

档案号： 　　　　　　　　　　　　　编号：

组别		车型	
VIN码		派工日期	

修理项目	工价	配件项目	料价
小计：		小计：	
修理天数		总修理费	￥：　　　　元

车主：

车辆维修评价栏

维修质量：	很好□	好□	一般□	差□	很差□
响应速度：	很好□	好□	一般□	差□	很差□
服务态度：	很好□	好□	一般□	差□	很差□
维修及时性：	很好□	好□	一般□	差□	很差□

参考文献

[1] 凌永成.汽车空调技术[M].北京:机械工业出版社,2014.
[2] 麻友良.汽车空调技术[M].北京:北京大学出版社,2014.
[3] 赵锦强.汽车空调系统检测与维修技术[M].济南:山东科学技术出版社,2011.
[4] 楼晓春.汽车空调维修技术[M].北京:中国铁道出版社,2014.
[5] 孙连伟,李俊玲,刘世明.汽车空调维修技术[M].北京:北京理工大学出版社,2015.
[6] 陈社会.汽车空调构造与维修[M].2版.北京:中国劳动社会保障出版社,2014.
[7] 郭宝焜.汽车空调技术[M].北京:中国劳动社会保障出版社,2005.